AF641127

Wild Places PORTUGAL

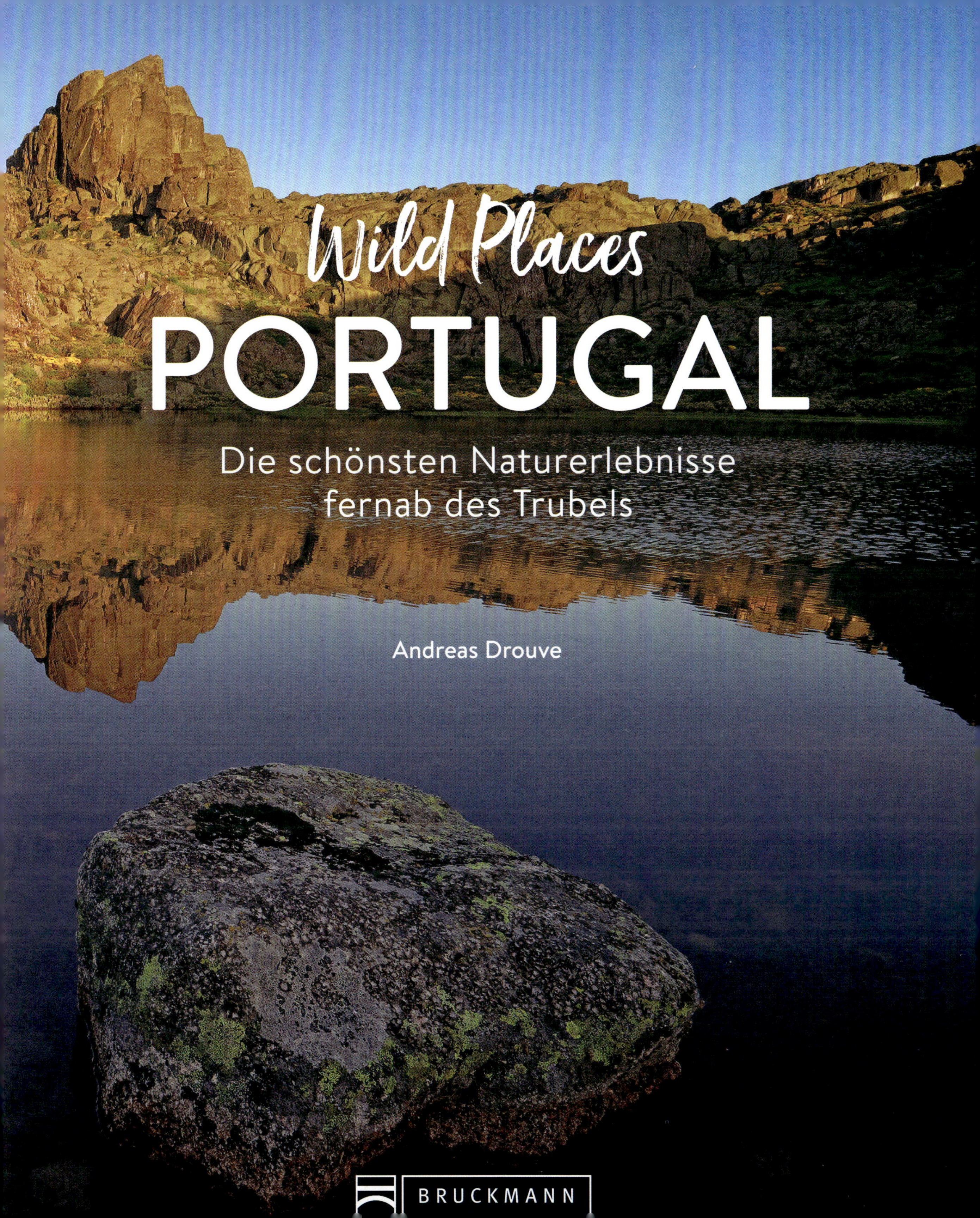

Wild Places PORTUGAL

Die schönsten Naturerlebnisse fernab des Trubels

Andreas Drouve

BRUCKMANN

INHALT

↓Von links nach rechts: Glückliche Kühe im wilden Portugal; ein Weingut im Douro-Gebiet; Maria auf einem Kachelbild in Guimarães; vulkanische Säulenstrukturen auf dem Inselchen Porto Santo; gepflasterter Weg in Alpedrinha am Fuß der Serra da Estrela

↑ Licht und Stimmung bei Sonnenaufgang am Atlantik der Felsalgarve bei Albufeira

↑ Hier, im Landstrich Covão d'Ametade in der Serra da Estrela, fühlt man sich vom Wasser und Grün regelrecht verzaubert.

DIE INSELWELTEN 136

↓ Von links nach rechts: Der Lagoa do Canário (São Miguel); portugiesische Vorspeisen mit Käse und Oliven; wiederhergestellte Häuschen in Santana auf Madeira; blühende Hortensien auf der Insel São Miguel; Storchennest an der Costa Vicentina bei Zambujeira do Mar

Die Burg ist das Wahrzeichen
des Städtchens Santiago do Cacem.

200 km
N
ATLANTISCHER
OZEAN
SPANIEN
Tui
Monção
Ponte Barxas
Xinzo de Limia
A Gudiña
Verín
Palacios de Sanabria
Parque Natural de Montesinho
36
Vila Praia de Âncora
Ponte da Barca
32 Parque Nacional Peneda-Gerês
Bragança
San Martin del Pedroso
Viana do Castelo
Chaves
Zamora
Braga
35 Citânia de Briteiros
Guimarães
Mirandela
Macedo de Cavaleiros
Miranda do Douro
Póvoa de Varzim
Vila do Conde
Santo Tirso
Vila Real
Torre de Moncorvo
Mogadouro
Emb. de Almendra
31
PORTO
Amarante
Sabrosa
Tabuaço
Rio Duero
Lamego
Vila Nova de Foz Côa
33
Parque Arqueológico do Vale do Côa
Vitigudino
Espinho
Rio Douro
Rio Paiva 34
Castro Daire
Furadouro
São Pedro do Sul
Tamanhos
30
Aveiro
Ílhavo
Viseu
Vilar Formoso
Ciudad-Rodrigo
Molelos
Guarda
Serra da Estrela
29
26 Quinta das Lágrimas
Coimbra
Covilhã
30
Figueira da Foz
Penela
Orvalho
Pedrógão
Coria
Pombal
Emb. de Alcántara
Castelo Branco
Marinha Grande
Leiria
Sertã
Alcántara
20
Nazaré
Grutas da Moeda
22
Fátima
Tomar
23
Rio Tajo
Reserva Natural das Berlengas
24
Alcobaça
Nisa
25 Parque Natural da Serra de São Mamede
Cáceres
28
Óbidos
Torres Novas
21
Almourol
Marvão
Cabo Carvoeiro
27
Peniche
Ponte de Sor
Portalegre
Puebla de Obando
Santarém
Alter do Chão
Barragem de Montargil
Barragem do Maranhão
Torres Vedras
Coruche
Parque Natural de Sintra-Cascais
19 Sintra
Grünes Lissabon
Vila Franca de Xira
Estremoz
Elvas
BADAJOZ
Mérida
Cabo da Roca
17
18 Panorama-Spots
Vila Viçosa
LISSABON
Almendralejo
Cascais
Barreiro
Montemor o Novo
Évora
Setúbal
11
Villanueva del Fresno
Zafra
Bucht von Setúbal
Alcácer do Sal
Reguengos de Monsaraz
Jerez de los Caballeros
12
Barragem de Alqueva
Grândola
Ferreira do Alentejo
Rio Guadiana
Beja
Sines
Santiago do Cacém
Rosal de la Frontera
Galaroza
Rota Vicentina
15
Aljustrel
São Luís 15
R. Mira
Ourique
Castro Verde
Mértola
Valverde del Camino
Odemira 15
Parque Natural do Sudoeste Alentejano e Costa Vicentina 13
15
São Teotónio
Via Algarviana
2
Alcoutim
Odeceixe
São Marcos da Serra
Gibraleón
SEVILLA
Via Algarviana
Aljezur 14 2
Monchique
Vila Real de Santo António
4 Birdwatching
HUELVA
Ayamonte
8
Almonte
Praia da Bordeira, Praia do Amado 16
Portimão
Silves
Alvor
Albufeira
Faro
10
Tavira
15
Lagos
7 5 6 9
3
Ilha da Culatra
Golf von Cádiz
Kap São Vicente
Sagres
Birdwatching 4 2
Birdwatching 4 1
Parque Natural da Ria Formosa
MADEIRA
Porto Santo 50
Vila Baleira
Atlantischer Ozean
Levada-Wandern 49
Madeiras wilder Norden 48
45
São Vicente
Madeira
Fajã dos Padres 47
46 Monte
Câmara de Lobos
Funchal
45
AZOREN
Corvo
44
La Graciosa
37
Flores
São Jorge
43 Terceira
41
Angra do Heroísmo
40 Faial
38
Lajes do Pico
42 Pico
39 São Miguel
Ponta Delgada 38
Atlantischer Ozean
Santa Maria

VORWORT

EIN TRAUMLAND FÜR NATURFANS

Sagenhafte Strände. Klippen. Kühle Gebirgsluft. Wandertouren, Bootsausflüge. Schutzgebiete zwischen der Algarve im Süden und dem hohen Norden, den der Grenzfluss Minho absteckt. Für Naturfans ist Portugal ein Land der 1001 Möglichkeiten und mehr. Zugaben sind die Inselwelten von Madeira und den Azoren.

Wir sehen ein Land vor uns, von der Natur reich gesegnet durch Schönheit, Abwechslung und Bodenreichtum, bewohnt von einem Volke, welches in Charakter und Körperkraft und in seinen gemütlichen Seiten die Elemente zu einem blühenden und glücklichen bietet«, schrieb Julius Freiherr von Minutoli im Stil jener Jahre in seinem Buch *Portugal und seine Colonien im Jahr 1854.* Zeitlos geblieben sind die genannte Schönheit, die Abwechslung, die freundlichen Menschen. Heutzutage gibt es viele gute Gründe für eine Reise nach Portugal. Citytrips nach Lissabon und Porto. Ein Urlaub an der Algarve. Die Atlantikstrände an der Westseite. Das reiche Kulturerbe aus Schlössern, Burgen, Klöstern, Palästen. Eine Wallfahrt nach Fátima. Entdeckungen des unbekannteren Hinterlands im Osten und Norden an der Grenze zu Spanien. Überall gerät man in Kontakt zur Natur, selbst in den Metropolen. Die Hauptstadt Lissabon wird vom Tejo, Porto vom Douro geprägt.

Flusstäler und Strandparadiese

Auf knapp 90 000 Quadratkilometern, was in etwa der Fläche von Bayern und Hessen zusammen entspricht, bündelt Portugal eine unglaubliche Vielfalt. Geografisch reicht die Fülle von 832 Kilometern Küste bis zum annähernd 2000 Meter hohen »Sterngebirge«, der Serra da Estrela. Abseits von Kontinentaleuropa kommen die Inselwelten Madeiras und der Azoren hinzu.

← Blick bei Sonnenuntergang über Rebgärten oberhalb vom Douro
↑ Um einen Wolf zu erspähen, muss man wahnsinniges Glück haben.
↗ Das warme Wasser tut einfach gut: Bad in der Caldeira Velha auf der Azoren-Insel São Miguel.

Am Festland wechseln sich Flusstäler und Fischerorte mit Menhiren und historischen Städten ab, mit Weingärten und Naturparks. Am Atlantik setzt Portugal ganz unterschiedliche Küstengesichter auf. Auf der Suche nach Strandparadiesen reicht alleine an der Algarve die Auswahl von schier endlosen Sandweiten über romantische Badebuchten bis hin zu rauen Surferrevieren. Brandende Wellen, schneidende Winde, messerscharfe Klippen – die Urgewalt der Natur beherrscht das Kap São Vicente im äußersten Westen der Algarve sowie das Cabo da Roca, das hinter Cascais den südwestlichsten Punkt Kontinentaleuropas markiert. Entdeckungen sind die Strände im Norden wert, die abseits des Mainstreams liegen: Esposende und Ofir, São Jacinto mit seinen Dünen, die Praia de Mira, die Praia Forte Paçô und die Praia de Afife zwischen Viana de Castelo und der Atlantikmündung des Minho. Im mittelportugiesischen Peniche sind die Felsformationen um das Kap Carvoeiro ein Plus zu den Stränden, in Nazaré türmen sich vor der Küste die weltberühmten Monsterwellen in vergleichbaren Höhen von Wohnhäusern auf.

Dem Trend zur Natur entspricht der Tourismus auf dem Land, *Turismo Rural,* mit abgeschiedenen Unterkünften, umgeben von Oliven, Orangen, Johannisbrotbäumen. Kein Motorenlärm trübt die Stille. Die Blicke schweifen über einsame Hügel. Wer ein unbekannteres Portugal erleben will und eine Anfahrt zuweilen über Rumpelpisten nicht scheut, fühlt sich dort bestens aufgehoben.

Portugal lässt sich zu Lande, zu Wasser und aus der Luft erkunden. Will heißen: auf Wanderwegen, bei Bootstouren oder gar einem Fallschirmsprung. Dieses Buch erhebt den Anspruch, für Fans von »Wild Places« eine möglichst breite Palette an Ideen und Inspirationen abzudecken.

Landschaft mit Wasserbecken im Nationalpark Peneda-Gerês

MAGNETISCHES GRÜN

In Portugal magnetisieren *1000 Shades of Green* und eine Flut aus Stränden, Wäldern, kristallklaren Gebirgsbächen. Nachfolgend ein paar wichtige Fakten zum Land.

DIE BEWOHNER

Das kontinentale Portugal nimmt 88 889 Quadratkilometer ein und wird von etwa 10,3 Millionen Menschen bewohnt. Dies entspricht einer Bevölkerungsdichte von 115 Einwohnern pro Quadratkilometer. Die meisten Menschen leben in den Ballungsräumen Lissabon und Porto. Hinzu kommen die Außenbesitzungen der Azoren (2346 Quadratkilometer, 236 000 Einwohner) und der Region Madeira (801 Quadratkilometer, 260 000 Einwohner). Die Mentalität der Bewohner wird oft mit der *saudade* verbunden, was »Sehnsucht« bedeutet oder, anders ausgedrückt, »Melancholie«. Allerdings bewegt man sich hier auf dem weiten Feld zwischen Wirklichkeit und Klischees, denn die Menschen können ebenso unbeschwert fröhlich sein.

BERGRIESEN

Auf dem Festland erreicht die Serra da Estrela mit 1993 Metern die maximale Höhe, doch Portugals höchster Berg befindet sich auf den Azoren: der Vulkan Pico, der auf der gleichnamigen Insel 2351 Meter hoch aufsteigt.

561

KILOMETER …

… ist in Luftlinie die Entfernung zwischen der Algarve-Küste im Süden und dem hohen Norden. Die maximale Breite des Landes beträgt 218 Kilometer, die Küstenlänge 832 Kilometer. Zwischen den beiden größten Städten, Lissabon und Porto, liegen etwa 320 Kilometer. Unterwegs ist man in Portugal im eigenen Fahrzeug – Wohnmobile und Wohnwagen sind verbreitet – oder im Leihwagen. Oder man setzt sich in Busse und Bahnen.

KORKEICHEN

Die Korkeiche wird als Nationalsymbol verehrt und spielt in der Wirtschaft eine große Rolle. Sie liefert natürlichen Nachschub für Flaschenkorken und Dämmmaterial, aber auch für Korkleder und orthopädische Schuheinlagen. Alle neun Jahre werden die unteren Teile von Korkeichen abgeschält.

DER NACHBAR

Portugal und Spanien sind sich so nah und nicht immer grün – doch man muss miteinander auskommen. Der Grenzverlauf zu Spanien erstreckt sich über 1215 Kilometer. Teile der Grenzen sind auf natürliche Weise von Flüssen abgesteckt, etwa dem Guadiana im tiefen Südosten und dem Minho im Norden.

25. APRIL

Es war der 25. April 1974, als ein Staatsstreich dem faschistischen Regime ein Ende setzte. Die unblutige »Nelkenrevolution« – so genannt, weil man Soldaten Nelken in die Gewehrläufe steckte – bereitete den Urgrund für Portugals moderne Demokratie. Blumen gegen die Tyrannei, davon kann man bis heute etwas lernen.

17 WELTERBESTÄTTEN

Die UNESCO hat 17 Spots in Portugal als Weltkulturerbe geadelt. In dieser Reihe stehen unter anderem das Kloster der Christusritter in Tomar, die Kulturlandschaft von Sintra mit ihren Palästen sowie die Universität von Coimbra. Bei der Natur ist der Lorbeerwald auf Madeira herausgestellt worden.

DER BELIEBTESTE FISCH ...

... ist kein fangfrischer und stammt auch nicht von Portugals Küsten. Doch Stockfisch (*bacalhau*), also luftgetrockneter Fisch, vor allem vom Kabeljau, ist der Klassiker in Portugals Küche.

DIE GROSSEN FLÜSSE

Douro und Tejo drücken Portugal den Stempel auf. Als spanischer »Duero« entspringt der Douro im Iberischen Randgebirge und windet sich auf seiner 850 Kilometer langen Reise durch das nordportugiesische Bergland, bildet zwischendurch Stauseen und ist im Unterlauf schiffbar. Der obere Douro ist von Weingärten gesäumt; bei Porto mündet er ins Meer. Auch der Tejo hat seine Quelle in Spanien und heißt dort »Tajo«. Im portugiesischen Inland schiebt er sich durch fruchtbare grüne Weiten und formt bei Lissabon einen breiten Mündungstrichter.

Über Stock und Stein und durch Farne –
Wandern in der Serra da Estrela, dem »Sterngebirge«.

UNSER NACHHALTIGKEITSKODEX

Die Welt birgt viele Wunder, Abenteuer und spektakuläre Aussichten, die wir gerne erkunden möchten. Doch sie ist auch leicht aus dem Gleichgewicht zu bringen. Hier ein paar Tipps, wie wir unsere Welt nachhaltig entdecken können:

- **Die Hauptsaison meiden:** Wenn wir nicht gerade auf die Ferienzeiten angewiesen sind, können wir der Umwelt einen großen Gefallen tun, indem wir in der Nebensaison verreisen. Damit tragen wir zu einer gleichmäßigeren Auslastung der Umwelt und der Infrastruktur bei, und der Urlaub wird dazu auch noch wesentlich entspannter.

- **Die Aufenthaltsdauer dem Reiseziel anpassen:** Je weiter das Reiseziel ist, desto länger sollte der Aufenthalt sein. Dadurch lernen wir die Region nicht nur intensiver kennen, sondern stärken sie ganz nebenbei noch durch unsere Ausgaben vor Ort. Anfahrtsintensive Tagesausflüge sollten besser vermieden werden, das bedeutet nur Stress, sowohl für die Umwelt als auch für uns selbst.

- **Auf umweltschonende Verkehrsmittel setzen:** Wo es möglich ist, reisen wir mit öffentlichen Verkehrsmitteln an. Das reduziert nicht nur die Luftverschmutzung, sondern schont auch unsere Nerven. Falls das nicht geht, helfen verschiedenste Plattformen dabei, den CO_2-Austoß auszugleichen, vor allem, wenn das gewünschte Reiseziel nur mit dem Flugzeug zu erreichen ist.

- **Nur dort parken und campen, wo es erlaubt ist:** Selbst, wenn wir uns noch so vorbildlich verhalten und unseren Aufenthaltsort so hinterlassen, wie wir ihn vorgefunden haben, stören wir den Lebensraum von Wildtieren und hinterlassen Spuren und Gerüche. Auch Lagerfeuer entzünden wir ausschließlich an den dafür vorgesehenen Stellen und achten dabei auf Waldbrandstufen und Naturschutzgebiete.

- **Ressourcen gewissenhaft nutzen:** Manche Umweltressourcen sind bereits knapp, endlich sind auf jeden Fall alle. Um sie zu schonen, sollten wir sparsam mit ihnen umgehen, gerade in Gegenden, in denen zum Beispiel Wasser oder Strom nicht im Überfluss vorhanden sind.

- **Ein guter Gast sein:** Nachhaltig unsere Umgebung zu erkunden bedeutet auch, der hiesigen Flora und Fauna mit Respekt zu begegnen. Pflanzen sollten auf keinen Fall gepflückt werden, aber sie stehen uns bestimmt gerne Modell für das eine oder andere Foto. Das gleiche gilt für wilde Tiere: Wir füttern sie nicht, halten Abstand und beobachten sie aus der Ferne.

- **Auf den Wegen bleiben:** Wer die vorgegebenen Wege verlässt, dringt nicht nur in die Rückzugsräume heimischer Arten ein, sondern trägt auch dazu bei, dass sich neue Wege bilden, was zur Erosion des Bodens führt.

- **Abfall wieder mitnehmen:** Plastikverpackungen jeglicher Art, Dosen, Flaschen und Papiertaschentücher (es dauert Jahre, bis sich ein einzelnes Taschentuch vollständig abgebaut hat!) gehören nicht in die Natur, sondern artgerecht entsorgt. Am besten gleich eine wiederverwendbare Brotdose oder Trinkflasche mitnehmen. Dazu zählen natürlich auch Toilettenpapier und der Inhalt von (Chemie-)Toiletten. Entsprechende Entsorgungsstationen finden sich überall.

- **Lokal kaufen:** Dadurch lernen wir Land und Leute besser kennen und unterstützen die regionale Wirtschaft, außerdem sind regionale Produkte meist auch preisgünstiger und qualitativ hochwertiger.

So wie wir die Umwelt respektieren, wollen wir auch unseren Mitmenschen und deren Kultur Respekt entgegenbringen, gerade im Hinblick auf deren Traditionen, Religion oder typische Gebräuche. So können ein Lächeln oder ein paar Worte in der Landessprache Berge versetzen!

Spektakuläre Natur an der Algarve: Felsentore an der Praia dos Três Irmaos

SÜD-PORTUGAL

Inseln, Naturparks, Berge – der Süden ist mehr als die Urlaubsregion Algarve.

1

PARQUE NATURAL DA RIA FORMOSA

BOOTSTRIP DURCH DIE WASSERSTRASSEN

Der Parque Natural da Ria Formosa drückt der Mittel- und Ostalgarve den Stempel faszinierender Naturwelten auf. Der Naturpark ist ein Mosaik aus Lagunen, Inseln, Sümpfen, Sandbänken, Rückzugsgebieten für Vögel, Kanälen. Bei einem Bootstrip durch die natürlichen Wasserstraßen fühlt man sich weit entrückt.

Glasklares Licht hängt über dem Hafen von Faro. Die Spiegelbilder von *Moby Dick* und *Rita* und anderen Schiffchen stehen im Becken. Dann geht es los auf einem einstigen Boot der Makrelenfischer, das der Veranstalter für Ausflüge hergerichtet hat. Der Motor surrt. Die Eisenbahnbrücke legt sich nah über die Köpfe. Dahinter öffnen sich weite Wasserflächen – willkommen im Naturparadies des Parque Natural da Ria Formosa.

Verschiedenste Ökosysteme

Der Naturpark Ria Formosa nimmt knapp 18 000 Hektar ein, zieht sich in Ostwestrichtung etwa 60 Kilometer breit auseinander und umfasst verschiedenste Ökosysteme. Das Schutzgebiet schließt bewohnte und unbewohnte Inseln ein, Sandbänke, Salzmarschen, Sümpfe, Lagunen und wahre Labyrinthe aus Kanälen, die wir nun durchpflügen.

In der Ferne steigen Verladekräne und Faros blendend weiße Häuserkulissen auf. Jets schweben auf den Airport zu. Die Zivilisation ist nah und doch irgendwie fern – auf den Wasserstraßen fühlt man sich von allem entrückt. Wirtschaftlich genutzt wird das Gebiet durch die Muschelzucht; im Wasser sind die Muschelzuchtgärten der Fischer deutlich mit Holzpflöcken abgegrenzt.

Rast auf einer namenlosen Sandbank

An Bord ist Meeresbiologin Ricarda, die die Ökosysteme und die Tierarten der Ria Formosa erläutert und Ferngläser verteilt. Reichlich Seevögel gibt es hier, Winkerkrabben. »Da, ein Fischadler!«, ruft Ricarda. Blitzschnell greift jeder zum Fernglas und zieht sich den Vogel heran. Ein stolzes Tier, scharfer Schnabel, braunweißes Federkleid. Als er aufsteigt, schätzt Ricarda die Flügelspannweite auf eineinhalb Meter. Seltenheitswert haben Fischotter und die stark gefährdeten Seepferdchen; die Seepferdchenkolonie im Naturpark gilt als eine der größten in Europa. Über Wasser steigen gerade Möwenschwärme auf. Krähenscharben rasten auf Pfählen. Und für die Störche, die auf Faros Häusern und Kirchtürmen nisten, verheißen die Feuchtgebiete First-class-Menüs. Wir steuern eine Sandbank an, machen Rast. Es ist einsam und still. Jeder spürt eine tiefe Ergriffenheit und wagt es nicht, ein Wort zu verlieren. Die Sonne sticht in die Augen. Das Blau des Wassers ist sagenhaft. Ein namenloser »Wild Place«, von dem der Abschied schwerfällt. Der Bootsführer steuert mit routinierter Gelassenheit zurück durch die Wasserstraßen. Der Zwei-Stunden-Trip vergeht wie im Fluge.

← Im Parque Natural da Ria Formosa wartet die Natur auf Entdecker – hier eine Lagune bei Faro.
↓ Das Boot ist – im Alltag von Fischern wie bei Ausflügen – das Transportmittel im Parque Natural da Ria Formosa.

INFO

BOOTSTOUREN

Es gibt Bootstouren unterschiedlicher Länge mit verschiedenen Veranstaltern. Im Hafen von Faro ist Formosamar ansässig. Angeboten werden auch Ausfahrten zur Insel Deserta und nach Farol (Ilha Culatra).
Edifício Ginásio Clube Naval, Doca de Recreio, Tel. +351/918 72 00 02, www.formosamar.com
Bootstrips ab der Marina von Faro sind zudem mit Lands Eco Boat Tours möglich; die Birdwatching-Tour dauert zweieinhalb Stunden, eine kürzere Runde – auch zum Sonnenuntergang – eine Stunde. Tel. +351/914 53 95 11, www.lands.pt

KAJAKTOUR

Die umweltfreundlichste Art der Entdeckung des Naturparks Ria Formosa ist eine Kajaktour, wie sie von Lands Eco Boat Tours (s. o.) angeboten wird. Die Ausfahrten sind immer geführt und dauern zwei Stunden.

2

VIA ALGARVIANA

FERNWANDERN DURCH DEN DORF-ALLTAG

Das große Abenteuer beginnt in Alcoutim. Dort startet der Fernwanderweg der Via Algarviana und endet nach knapp 310 Kilometern am Kap São Vicente. Es gibt kaum eine bessere Möglichkeit, die wenig bekannten Seiten des Hinterlands der Algarve zu entdecken – vorausgesetzt, man bringt genügend Zeit und Kondition mit.

In den Gassen steht die Stille. Bougainvilleen ranken sich an einer Fassade hinauf. Eine Katze sitzt auf einem Gitter. Häuser tragen kunstvolle Kamine. Den Glockenturm der Kirche krönt ein Hahn, davor wachsen Orangenbäume. Ein Wandkachelbild zeigt einen stolzen Segler, ein anderes mit dem heiligen Johannes ist schwer in die Jahre gekommen. Feigenkakteen lappen über Bruchsteinmauern. Hier wandert man geradewegs durch den Dorfalltag. Verlässt man Benafim, hallt von irgendwo Hundegebell hinterher. Die rot-weißen Wanderzeichen sind auf Felsen gepinselt. Verlaufen kann man sich nicht.

Es sind Eindrücke wie diese, die in den Bann ziehen und, wie hier auf dem Etappenstück zwischen Benafim und Alte, die Via Algarviana prägen. Der Startpunkt des Fernwanderwegs liegt in Alcoutim am portugiesisch-spanischen Grenzfluss Guadiana. Ziel nach annähernd 310 Marschkilometern ist das Cabo de São Vicente.

Die Via Algarviana ist als Fernwanderweg GR 13 ausgewiesen. Was macht das Unterwegssein so besonders? Anabela Santos muss es wissen. Sie ist die langjährige Koordinatorin, studierte Biologin und mit ihrer Heimat fest verwurzelt. »Das ist eine komplett andere, viel authentischere Algarve«, sagt sie, »weg von den Stränden, rein ins Inland.« Selbst die Gastronomie und die Aromen seien im Vergleich zur Küste total unterschiedlich. Unterwegs in den Dörfern treffe man viele Ältere, so Santos. Für den Bewuchs nennt sie als »typisches Quartett« Oliven-, Johannisbrot-, Feigen- und Mandelbäume. Auf dem GR 13 passiert man die drei Gebirgszüge der Algarve (nämlich Caldeirão, Monchique und Espinhaço de Cão), die Hügellandschaft Barrocal und den südlichsten Teil des Parque Natural Sudoeste Alentejano e Costa Vicentina. Das Kap São Vicente empfängt am wilden Atlantik.

← Wer an der Via Algarviana die schönsten Blütenmeere erleben will, zieht im Frühjahr los.

»Kein einfacher Trip«

Santos warnt davor, die Via Algarviana auf die leichte Schulter zu nehmen. »Das ist kein einfacher Trip«, sagt die Expertin. Prinzipiell sei es machbar, den Weg mit dem Mountainbike zu bewältigen, aber auch das sei eine große Herausforderung. Manchmal müsse man absteigen, schieben, tragen.

Die Via Algarviana ist in 14 Etappen eingeteilt. Eine Urkunde wie auf dem viel begangenen Jakobsweg durch Nordspanien gibt es am Ende nicht. Hier genießt man die Passagen durch die Einsamkeit und durch die Natur, die ihr Füllhorn ausschüttet. Der Begleitsound reduziert sich oft auf Wind, Vogelgezwitscher und die Geräusche der eigenen Schritte. Spätherbst und Winter sind gute Jahreszeiten, fast mit Schönwettergarantie. Und im Frühling explodiert die Blütenpracht.

Natürlich muss man keine zwei Wochen am Stück unterwegs sein, sondern kann sich vereinzelt Rosinen herauspicken. Je nach Ort sind An- und Abfahrt mit öffentlichen Verkehrsmitteln möglich; ansonsten kontaktiert man vorab einen Taxidienst.

Mispeln, Zwergpalmen, Kräuter

Eine der Perlen, die man auswählen kann, ist das eingangs erwähnte Wegstück zwischen Benafim und Alte, etwa 6,5 Kilometer lang und in zwei Stunden gut machbar. Das gibt einen exemplarischen Eindruck. Man könnte auch auf derselben Strecke zurückwandern, falls man sein Fahrzeug in Benafim abgestellt hat.

Hinter Benafim schiebt sich der Weg durch Bruchsteinmäuerchen. Wilder Fenchel sprießt wie Unkraut. Manche Locals trocknen Fenchel gerne zusammen mit Feigen, das gibt ein klasse Zusatzaroma. Johannisbrotbäume säumen die Strecke. Trockene Schoten liegen auf dem Boden. Andernorts macht man Mehl, Eiscreme und Likör daraus. Die Sonne flutet über den steinigen Grund. Auch bei kürzeren Wanderungen wie dieser gilt es, gutes Schuhwerk zu tragen.

Orangen- und Mispelbäume wechseln sich ab. Kein Motorengeräusch stört die Stille. Steineichen und Mastixsträucher tauchen auf. Früher machte man sich die Gaben der Pflanzen zunutze, um Kaugummi und Geschirrspülmittel herzustellen.

Ein Hundeausführerpaar kommt entgegen. In der Ferne voraus kleben einzelne Häuser im Grün. Der Weg führt abwärts, vorbei an Rosmarinsträuchern, Hagebutten, wilden Olivenbäumen mit kleinen Früchten. Fenchel fächert sich brust- und übermannshoch auf. Nach dem Gang über einen trockenen Bachlauf geht es steinig bergan durch unverbrauchte Gegenden. Schweiß tränkt das Shirt. Aus den Zweigen von Zwergpalmen kann man Körbe flechten – wenn man weiß, wie. Felsgebilde wirken so, als steckten Augenhöhlen darin. Knorrige Zweige werfen Vergleiche mit verzauberten Knochengestalten auf. Geht die Fantasie mit einem durch? Ein Vorgänger hat als Zeichen des Hiergewesenseins ein Steinmännchen hinterlassen. Die Freiblicke wandern über Höhen und Seitentäler bis zum fernen Atlantik.

Ein Stück Asphalt befremdet, ist ein kleiner Kulturschock. Eine Heuschrecke springt weg und zeigt für einen Augenblick ihre blaue Färbung. Man sieht Erdbeerbäume, die *Medronhos*, und Seidelbast, von dem man weiß, dass er giftig ist. Aus Thymian ließe sich ein wunderbarer Tee machen, der hilft, wenn man etwas krank ist.

Die Bruchsteinmauern kehren zurück. Sie sind, ebenso wie ein Antennenmast auf einem Hügel, die Boten des nächsten Dorfes Alte, wo das Quellgebiet erfrischt.

↖ Details an der Via Algarviana sind Baumerdbeeren, die sich weiter rötlich verfärben.
← Weiß und blau getünchtes Haus im Hinterland-Dorf Vaqueiros
↗ Kühles Wasser – das ist eine Wohltat, sobald Wanderer auf der Via Algarviana das Dorf Alte erreicht haben.

INFO

DIE ETAPPEN

1 Alcoutim–Balurcos, 24,2 Kilometer
2 Balurcos–Furnazinhas, 14,3 Kilometer
3 Furnazinhas–Vaqueiros, 22,6 Kilometer
4 Vaqueiros–Cachopo, 14,9 Kilometer
5 Cachopo–Barranco do Velho, 29,5 Kilometer (sehr schwierig, in zwei Etappen unterteilbar)
6 Barranco do Velho–Salir, 14 Kilometer
7 Salir–Alte, 16,4 Kilometer
8 Alte–São Bartolomeu de Messines, 20,6 Kilometer
9 São Bartolomeu de Messines–Silves, 29 Kilometer (sehr schwierig)
10 Silves–Monchique, 32,1 Kilometer (sehr schwierig)
11 Monchique–Marmelete, 14,8 Kilometer
12 Marmelete–Bensafrim, 30 Kilometer (schwierig)
13 Bensafrim–Vila do Bispo, 29,7 Kilometer (sehr schwierig)
14 Vila do Bispo–Cabo de São Vicente, 16,4 Kilometer

WEITERE INFOS

Umfassende Infos zur Via Algarviana auch auf Deutsch: www.viaalgarviana.org. Hier kann man auch die App herunterladen.

Die Via Algarviana ist hier als Fernwanderweg 13 (GR 13) ausgewiesen – und Anabela Santos eine echte Expertin.

3

ILHA DA CULATRA

REIF FÜR DIE INSEL

Nur per Boot erreichbar und gelegen im Naturpark Ria Formosa, ist die Ilha da Culatra eine bewohnte Insel, die eine friedliche Stimmung atmet. Hier spürt man der alten Fischeratmosphäre nach und kann sich den wunderbar langen Strand zum Baden oder Spazierengehen vornehmen. Allein der Bootstrip ist die Reise wert.

In den Wasserweiten des Naturparks Ria Formosa zeichnet sich die Ilha da Culatra ab. Die bewohnte Insel ist eine ganz besondere: straßen- und autofrei, den Besucherhochburgen der Algarve entrückt und vom traditionellen Leben der Fischergemeinschaft geprägt.

Haupterwerbszweige auf Culatra sind Fischfang und Muschelzucht, doch unbeleckt vom Tourismus ist die Insel nicht. Zum Glück findet sich kein Hotelkasten oder dergleichen, dafür Unterkunftsvermietung auf Privatbasis und eine bescheidene Zahl einfacher Restaurants. Die niedrigen Häuser fügen sich gut in die Natur ein, das Leben geht seinen gewohnten Gang. Im Hauptort Culatra findet sich alles Notwendige, darunter eine Schule und eine Gesundheitsstation.

Fahrt durchs Wasserlabyrinth

Eine halbe Bootsstunde trennt Culatra vom Festland in Olhão. Unterwegs schippert man durch ein Wasserlabyrinth aus Kanälen und Inselchen, Heimat zahlreicher Seevögel. Sardinen- und Makrelenfischerboote kommen entgegen. Steuermann Ricardo erzählt von der Austernzucht. Hier reifen die Austern ein Jahr lang, während sie in anderen Gegenden zwei bis drei Jahre bräuchten, erklärt er. Kontinuierlicher Wasseraustausch und die Zufuhr von Nährstoffen, all das bekomme ihnen hier besonders gut. Ricardo schätzt die Gesamtzahl der Muschelfarmer rundherum auf einige Hundert.

Culatra, der Inselhauptort zur geschützten Lagunenseite hin, empfängt mit einem der malerischsten Fischerhäfen Portugals. Es geht betriebsam zu zwischen all den Netzstapeln und bunten Booten. Kreischend stürzen sich Möwen auf Fischabfälle. Frei von Straßenlärm lässt sich der Ort mit seinen schmucken Häuschen erkunden. Einzig ein paar Traktoren und Golfbuggys dienen an Land als motorisierte Transportmittel. Am Ortsende führt ein Zugangssteg zur offenen See hin und zum flachen, dünenbegrenzten Strand.

Am Südwestende der Insel liegt Farol, der zweitwichtigste Ort. Wie ein gigantisches Streichholz sticht der Leuchtturm in den Himmel. Der Ort hat bescheidene Ausmaße. Zwischen einzelnen Villen hat sich erstaunlich viel Sand gesammelt. Auffällig sind auch die kunstvollen Kamine und die Getrenntmüllcontainer – entlegen heißt nicht weltfremd. Ein Schild weist zur nahen Praia Grande, dem »Großen Strand«, einer schattenlosen Sandweite. Über Winter sei Farol ein Geisterort, sagt Ricardo.

← Der Leuchtturm bei Farol steckt das Südwestende der Insel Culatra ab; davor erstreckt sich ein wunderbarer Sandstrand.
↓ Bunter geht's kaum als im Hafen des Hauptortes der Insel Culatra.

INFO

AN- UND ABREISE
Die regelmäßigen Bootsüberfahrten zur Insel Culatra starten in Olhão. Es gilt, auf die genauen Rückfahrzeiten der Fährboote zu achten. Alternativ lässt sich in Olhão ein Aqua-Taxi chartern.
www.passeios-ria-formosa.com

EINKEHR
Die Orte Culatra und Farol punkten mit einfachen Lokalen und einer schnörkellosen, ehrlichen Küche. Bei den Spezialitäten rangieren Herzmuscheln *(amêijoas)* in Olivenöl und Knoblauch obenan sowie Seebarsch *(robalo)*. Das ist Schalentier- und Fischgenuss in höchster Vollendung. Die entspannte Atmosphäre entspricht dem Leben auf der Insel. Zur Einkehr im Fischerhafenort Culatra empfehlen sich das Café Marretas und das Restaurant Janoca.

4

ALGARVE

BIRDWATCHING

Für Birdwatcher ist die Algarve ein echtes Dorado. Dokumentiert sind einige Hundert Vogelarten, darunter Flamingos, Purpurhühner, Kormorane, Austernfischer, Silber- und Seidenreiher. Bei Vogelbeobachtungen muss man sich nicht zwangsläufig durch unwegsames Gebüsch schlagen, sondern in Städten nur nach oben schauen.

Manchmal reicht es schon, den Blick zu heben und dem Ursprung des Geklappers zu folgen. Weißstörche sieht man an der Algarve selbst in Städten wie Faro und Portimão. Ihre wuchtigen Nester thronen auf Kirchen, Häusern, alten Fabriktürmen. Obgleich sich Störche an der Gegenwart des Menschen nicht zu stören scheinen, suchen die wahren Birdwatcher entlegenere Spots – und vertrauen sich einem Profi wie João Ministro an.

»Ein Paradies in Europa«

»Für Vogelbeobachter ist die Algarve ein Paradies in Europa«, sagt João Ministro, der über seine Agentur in Loulé überallhin Ausflüge anbietet: Kombitouren mit dem Fahrzeug und zu Fuß, auf der Suche nach möglichst vielen Vögeln. Der ausgebildete Umweltingenieur ist seit seinen Studentenzeiten passionierter Vogelbeobachter und hat daraus seinen Hauptberuf gemacht. Was er mit seinen ultrageschärften Sinnen in der Natur alles entdeckt, erscheint unglaublich. Die Algarve sei zwar vergleichsweise klein, doch die Vielfalt der Landschaften kommt laut Ministro auch dem Birdwatching zugute: »Du kannst am Morgen in den Bergen sein, in Korkeichenwäldern. Und am Nachmittag startest du an der Küste oder in den Wetlands eine Bootstour und bekommst vollkommen andere Eindrücke.«
Für die besten Beobachtungsmonate hält Ministro März bis Mai sowie September und Oktober, vor allem wegen der Zugvögel. Die Migrationsbewegungen spielen sich zwischen Atlantik, Mittelmeer, Südeuropa und Afrika ab. Den Sommer würde er tendenziell ausklammern, dann sei es zu heiß, dann müsse man ohnehin sehr früh morgens los oder am Abend. In einem guten Jahr könne er durchaus 300 der über 400 an der Algarve nachgewiesenen Vogelarten sehen, sagt Ministro, während er die Besucher zum Canizal de Vilamoura begleitet, einer abgeschiedenen Gegend mit meterhohen Rohrgewächsen. Überall zwitschert es. Deutlich hört der Experte den Gesang einer Nachtigall heraus. Dann deutet er auf Webervögel, die eigentlich aus Afrika kommen und ballenförmige Nester bauen. Im Winter verlieren die Männchen ihr prächtiges gelbes Federkleid und sehen dann den Weibchen zum Verwechseln ähnlich.

Rohrweihen, Adler, Flamingos

Graureiher und Weißstörche, die ihre Kreise ziehen, würdigt der Profi Ministro kaum eines Blickes – dafür sind diese Arten an der Algarve einfach zu gewöhnlich. Interessanter erscheinen ihm Rohrweihen, die er vor sein kapitales Fernglas zieht. Und was beeindruckt ihn immer wieder aufs Neue? Spektakulär seien natürlich Adler, stellt er

→ Storchennester sind nicht nur auf dem Land zu sehen, sondern auch im Algarve-Städtchen Olhão.

← Auch diese Möwe scheint die südliche Sonne der Algarve zu genießen.
↙ Die Vogelwelt ist breit aufgestellt; hier lässt sich an der Algarve gerade ein Purpurhuhn beobachten.
↘ Wer Flamingos sehen will, ist an der Algarve richtig aufgehoben; da gibt es diverse Spots, zu denen man am besten ein Fernglas mitbringt.

heraus, doch er liebe gleichermaßen kleine Vogelarten und deren Gesänge. Der Nachteil kleinerer Vögel sei freilich, dass sie sich die ganze Zeit bewegen, sagt er auch aus Fotografensicht.

Zu den Evergreens bei der Faszination zählen für Ministro Flamingos, die grazil durch Feuchtgebiete stelzen und mit ihren Seihschnäbeln das Wasser durchkämmen. Ihre Leibgerichte sind winzig kleine Salinenkrebse, also Mikroshrimps. Flamingos sind an der Algarve nicht nur vorübergehende Gäste, die zu ihren Winterquartieren in Afrika aufbrechen; ein Teil bleibt mittlerweile ganzjährig, was nicht zuletzt mit dem Klimawandel in Verbindung stehen dürfte. Andere hingegen fliegen im Mai oder Juni weg und bleiben zum Brüten in Südspanien, Südfrankreich, Italien.

Wenn sich Flamingos mühsam zum Flug erheben und rosa Wolkengebilde am Himmel formen, geraten nicht nur Fotografen ins Schwärmen.

Bedrohungen und Beobachtungsbeute

Früher, blickt Ministro zurück, sei die Gegend bei Vilamoura bedroht gewesen. Große Resorts standen im Raum. Doch Naturschützer machten Front gegen die Pläne. Derlei Bedrohung kennt man andernorts an der Algarve auch von der Lagoa dos Salgados, einem Lebensraum von Flamingos.

Nächste Station ist ein Brackwassersee nahe dem Strand Loulé Velho, aber das Sichtungsresultat mit Kolben- und Tafelenten und einer Zwergdommel ist heute eher dürftig. Spannender wird es nahe Quinta do Lago mit Feuchtgebieten wie der Lagoa de Sao Lourenço, wo sich kleine Wasserschildkröten tummeln und ein Purpurhuhn am Ufergesträuch entlangstakst. In den 1970er-Jahren, erzählt Ministro, waren Purpurhühner fast ausgestorben in Portugal. Mittlerweile habe sich die Population erholt.

Die Beobachtungsbeute setzt sich fort. Haubentaucher. Löffler. Ein Seidenreiher. Ein Kormoran. »Kormorane können Fischfarmen regelrecht räubern«, erläutert Ministro. Der weitere Weg in Richtung der Salzpfannengebiete führt vorbei an buschigen Pinien, Mittagsblumen, Zistrosen, Disteln, Lavendel, Fenchel. In den Salinen machen die Besucher mit Ministros Hilfe Stelzenläufer aus, Rotschenkel, Alpenstrandläufer. Gefiedertes Bonusmaterial gibt es beim Rückweg zum abgestellten Wagen: ein Wiedehopf auf einer Wiese.

Bei seiner persönlichen Begeisterung fürs Thema hat Ministro ganz die Zeit vergessen. Erschreckt schaut er auf die Uhr. Eigentlich wollte er heute, am Sonntag, rechtzeitig beim Mittagessen sein. Er greift zum Handy und tätigt einen kurzen Anruf mit einer Entschuldigung. Am anderen Ende der Leitung hört man die Stimme einer Dame. Sie scheint es gewohnt zu sein und nichts anderes erwartet zu haben.

INFO

BIRDWATCHING-SPOTS

Für das Birdwatching eignen sich weitere Gebiete wie die Gegenden um das Kap São Vicente, die Salinen bei Castro Marim, die Flussmündung des Guadiana, die Inseln und Kanäle im Naturschutzgebiet Ria Formosa.

UNTERWEGS MIT DEN PROFIS

Die Agentur Proactivetur, die im Hinterland der Algarveküste ein Büro in Loulé unterhält, bietet Vogelbeobachtungstouren und begleitete Wanderungen an der Algarve an. Zum Birdwatching heißt es: »Über 400 Vogelarten sind an der Algarve nachgewiesen worden. Wir können Euch nicht alle zeigen! Das wäre unmöglich! Aber wir können Euch versichern, dass Ihr viele Dutzend von ihnen zu sehen bekommt.«
Tel.: +351/289 41 61 98, E-Mail: mail@proactivetur.pt, www.proactivetur.pt

WEITERE INFOS

Eine gut aufgezogene Website über die Vogelwelt in Portugal – und auch zu Spots an der Algarve wie der Lagoa dos Salgaos – ist www.avesdeportugal.info. Die Infos sind nur auf Portugiesisch, aber über die wissenschaftlichen Namen bekommt man die Namen der Vögel auf Deutsch heraus.

Ein Experte wie João Ministro kennt die besten Birdwatching-Stellen und hat den richtigen Blick.

DIE PERFEKTE WOCHE

Lissabon und Porto, die beiden größten und schönsten Städte des Landes, lassen sich gut miteinander verknüpfen: als Start- und Endpunkt einer Mietwagentour, bei der auch die Natur nicht zu kurz kommt.

TAG 1: LISSABON

In Lissabon bleibt der Mietwagen noch stehen, um die Highlights anzusteuern: die Viertel Chiado, Alfama und Baixa sowie den Vorort Belém mit den Welterbestätten Mosteiro dos Jerónimos und Torre de Belém. Ab der Unterstadt rumpelt Straßenbahnlinie 28 bis zum Friedhof Prazeres – ein kostengünstiges Sightseeing.

TAG 2: »GO WEST!«

So heißt es ab Lissabon, zunächst parallel der Mündung des Tejo. Erstes Ziel ist das Cabo da Roca. Das sturmumbrauste Kap galt einst als das Ende der Welt. Geschützt im Inland liegt Sintra: mit der alten Königsresidenz und im Gebirge der Maurenburg, Märchenwäldern und dem Schloss von Pena.

TAG 3: INLAND UND KÜSTE

Der dritte Tag sorgt für Abwechslung. Zunächst steht der romantische Traumort Óbidos auf dem Plan, wo man sich durch die Gassen treiben lässt. Dann schwenkt man zur Küste mit dem Strandstädtchen Peniche, wo man gut einkehren und übernachten kann, und dem Cabo Carvoeiro mit bizarren Felsformationen.

TAG 4: ZEUGNISSE DER KULTUR

Heute geben erst einmal Kulturstätten die Wege vor. Die historischen Klöster Santa Maria in Alcobaça und Santa Maria da Vitoria in Batalha erschlagen mit ihrer Wucht und dekorativen Pracht. Im Kontrast dazu steht das Küstenstädtchen Nazaré, wo der Hauptstrand an ein gewaltiges Felsmassiv stößt.

TAG 5: COIMBRA

Für Coimbra sollte man sich ausreichend Zeit nehmen. Prunkvoll ausstaffiert ist der Universitätskomplex in der Oberstadt. Auch die Unterstadt hat ihre Reize mit gefälligen Bummel- und Einkaufsgassen. Etwas außerhalb liegt ein romantisch-verschlungener Park: der Jardim da Quinta das Lágrimas.

TAG 6: DIE KÜSTENGEGENDEN

Besonders schön sind die Küstengegenden, wenn man sich dem Meeresarm von Aveiro nähert, in den der Fluss Vouga mündet. Es lohnt sich, in Costa Nova und Praia da Barra Stopps einzulegen. Aveiro selbst ist Portugals bekanntestes Kanalstädtchen, wo man eine kleine Bootsfahrt starten kann.

TAG 7: PORTO

Porto gibt, ähnlich wie Lissabon, eigentlich Entdeckungsspielraum für mehrere Tage. Höhepunkte sind die Altstadt, die Flussufer am Douro, die Kachelbilder im Bahnhof São Bento, die Buchhandlung Lello. Gegenüber in Vila Nova de Gaia liegen die Portweinlager und der WOW-Komplex mit Museen und Restaurants.

← Geschäftig geht es in Porto an der Uferpromenade Cais de Ribeira zu; darüber erhebt sich die historische Altstadt.
↖ Besuchsziel Nummer eins in Coimbra ist der Komplex der alten Universität.
↑ Raue Szenerie am Atlantik: Klippen um das Cabo da Roca
↗ Kostenlose Azulejos-Kunst: Diese riesigen Kachelbilder schmücken den Bahnhof São Bento in Porto.
↓ Stimmungsvoll im Mosteiro dos Jerónimos in Belém: der Blick hinauf zu den Gewölben

5

PERCURSO DOS SETE VALES SUSPENSOS

TRAIL ÜBER DIE KLIPPEN

Möwen segeln durch die Luft. Es riecht nach Thymian. Dunkelblau liegt der Atlantik da. Wellen branden an Klippen, Felsbögen, Stränden. Das alles sieht man auf einem der schönsten Wanderwege in Südportugal: dem »Trail der sieben hängenden Täler«. Auf Portugiesisch heißt er »Percurso dos Sete Vales Suspensos«.

Auf dem »Trail der sieben hängenden Täler« erlebt man die sogenannte Felsalgarve in konzentrierter Pracht. Der Trail ist 5,7 Kilometer lang, der Schwierigkeitsgrad mittel. Man folgt den rot-gelben Markierungen. Der Start liegt am Parkplatz oberhalb des Marinha-Strands (Praia da Marinha), das Ende beim Strand Vale Centianes (Praia de Vale Centianes). Der Weg steigt auf maximal 45,5 Meter über Meereshöhe an und geht immer wieder auf und ab: durch Täler, die kleinen Canyons gleichen und dem Trail seinen Namen geben.

Los geht's. Die ersten Ausblicke sind bereits sagenhaft: auf die Steilküste, bizarre Felstürme. Die Erosion macht sich hier seit Jahrmillionen zu schaffen. Holzgeländer schützen vor dem Abstürzen. Wacholderbäume säumen den Weg, Zwergpalmen, Mastixsträucher. Die schrundigen Hügel im Inland gleichen Westernkulissen. Ein erstes kratergleiches Riesenloch im Fels taucht auf: eine Sinkhöhle. Später folgen weitere. Alle sind aus Sicherheitsgründen von Absperrungen umzogen.

Ein Wegstück führt aufwärts über Geröll. Aus dem Loch der »Big Cave« dringt das Gurgeln der See – während unten Boote hineinfahren, befindet man sich gerade ein paar Etagen weiter oben. Es geht über Felsplatten, Kies, Staub, Wurzelreste. Das kleine Häusermeer von Benagil rückt näher. Dann ist der Ort erreicht und leider ein Stück Asphalt. Die Praia de Benagil, ein Sandstrand, stößt an Klippen.

Hinter Benagil hat man schöne Ausblicke auf Felsen, die sich wie Schiffsbuge vorschieben. Bald folgt der nächste Strandabstecher: zur Praia do Carvalho. Der einzige Zugang führt auf einer Treppe durch den Fels.

Erosionslandschaft wie auf dem Mond

Ein langer Treppenaufgang trägt aus der Senke, vorbei an Agaven und Mittagsblumen. Zurück auf den Höhen, zeichnet sich voraus in der Ferne der Leuchtturm über dem Kap Carvoeiro ab. Die Erosionslandschaft Leixão do Ladrão könnte auch auf dem Mond liegen.

Der Schweiß rinnt beim nächsten Ab- und Aufstieg hinter dem Leuchtturm. Hoch über den Klippen verläuft ein echter Traumabschnitt. Doch alles hat ein Ende, das beim »Trail der sieben hängenden Täler« ein weiterer Strand markiert: die Praia de Vale Centianes. Ab dort geht's auf derselben Route zurück.

INFO

PLANUNGEN
Da man auf dem Parkplatz des Marinha-Strands das Fahrzeug abstellt, muss man dorthin zurückkehren. Das geht nur auf derselben Wanderstrecke. Deshalb muss man die Kräfte also auf 11,4 Kilometer programmieren. Dafür sollte man inklusive Foto-, Bade-, Verpflegungsstopps fünf bis sechs Stunden einplanen. Das mag sich vielleicht viel anhören, ist aber erfahrungsgemäß eine realistische Dauer.

PRAKTISCHE HINWEISE
Der Untergrund auf dem »Trail der sieben hängenden Täler« ist unwegsam. Mal steinig, mal staubig. Das verlangt nach guten Sport- oder Wanderschuhen. Es gilt, genügend Wasser und Proviant mitzunehmen, Sonnencreme, Sonnenhut oder Kappe, außerdem Badezeug. Frühjahr und Herbst sind die besten Jahreszeiten für die Wanderung. Auch der milde Winter ist geeignet. Im Sommer kann es zu heiß werden.

← Traumblicke auf dem »Trail der sieben hängenden Täler« – dazu muss man die Wanderschuhe schnüren und braucht etwas Kondition.
↑ Kleine Details wie diese Mittagsblumen begegnen einem häufig auf diesem Trail.

6

PRAIA DE ALBANDEIRA

WILDER KLEINER STRANDZWERG

Über den Westteil der Algarve verteilen sich Dutzende Strände in allen Größen, die sich allerdings nicht nahtlos wie an einer Perlenschnur aufreihen. Manche sind touristisch abgegrast. Es gibt immer wieder Stichsträßchen zu den Stränden – eines leitet zur Praia de Albandeira, gelegen an einer wilden, kleinen Bucht.

Einsam dehnen sich Sandstrände aus, verstecken sich Buchtzwerge zwischen Klippen. Winde und Wellen haben Felsformationen zu Megaskulpturen gemeißelt. In den Dörfern gleißen kalkweiße Häuser. Wäschespanngitter stehen in kopfsteingepflasterten Gassen. Die Einheimischen sind freundlich und hilfsbereit. Verführerisch wabern Düfte aus familiengeführten Restaurants. Es riecht nach Feuer, Knoblauch, Sardinen vom Grill. Da kommt Urlaubsstimmung auf. All dies mag zeigen: Die Algarve hat ihren festen Platz unter Europas schönsten Ferienzielen.

Der wilde Westen der Region ist als Felsalgarve bekannt und wie geschaffen für Individualisten, frei von Massen und Bettenburgen – was nicht bedeutet, dass manche Strände nicht trotzdem touristisch abgegrast sind. Das ist an der Praia de Albandeira glücklicherweise anders. Dazu ist sie einfach zu klein und zu rau. Sie liegt etwa auf halbem Weg zwischen Armação de Pêra und Benagil. Um es gleich vorab zu betonen: Die Praia de Albandeira ist ein Paradebeispiel für einen wilden Strand im Kleinformat, eingeschnürt von Klippen. Die hufeisenförmige Bucht ist nichts für Sonnenbader, sondern ein Glücksgriff für Naturfreaks. Bei Flut steht der Strand komplett unter Wasser.

Spektakuläre Küstennatur

Hinab an die Praia de Albandeira führt ein Holztreppenabstieg, der sich nach rechts und links splittet. Die Bucht ist eingeschlossen von Felsen. Der Sand ist kühl, auch das Atlantikwasser. Schilder warnen vor Steinschlag. An einer Seite schießt das Wasser durch ein Felsloch. Je nach Jahreszeit und Tag wüten die Wellen.

Wenn des Tages letzte Sonnenstrahlen versinken, liegen Felsen und Klippen wie unter einem Goldüberzug. Hinter dem Strand schließt sich ein Überhang an, eine Art Grotte. Das goldene Leuchten des Abends reflektiert im Sand.

Der kleine Strand ist ein Sprenkel spektakulärer Küstennatur – aber es geht noch besser. Wer in der Sonnenuntergangsstimmung rechts über dem Strand auf die Felsen aufsteigt, blickt auf einen Riesenfelsbogen und die leuchtende Kugel. Die Felsen an der Küste sind durchlöchert. Auf dem Boden entdeckt man Muscheleinschlüsse.

Die Praia de Albandeira und ihre Umgebung – das sind keine Spots zum Sonnen, sondern zum Staunen über die Wunder der Natur. Typisch Felsalgarve.

INFO

WEITERE STRÄNDE AN DER FELSALGARVE

Praia Grande: Der »Große Strand« – so die Übersetzung – beginnt am Ortsrand von Armação de Pêra und hält mit sandigen Weiten, was er verspricht.
Carvoeiro: Der Strand ist ein Klassiker, gleich dahinter liegt der Ort mit vielen Restaurants.
Luz und Burgau: Beide Strände stoßen an gewachsene, freundliche Orte.
Salema: ein klippenbegrenzter Sandstrand mit dem kleinen Ort dahinter und hochgezogenen Fischerbooten – einfach idyllisch und überzeugend.
Zavial: weite Liegeflächen im Sand, Felsen an den Seiten. Dahinter gibt es ein Beachrestaurant.

SCHÖNE AUSBLICKE

Westlich von Armação de Pêra liegt seit dem 16. Jahrhundert hoch auf einem Klippenvorsprung die Kapelle Nossa Senhora da Rocha, »Unsere Liebe Frau vom Fels« – mit schönen Ausblicken rundherum auf die Felsalgarve.

← Es wirkt fast so, als hätte ein Maler dick aufgetragen oder ein Bildhauer eine besondere Komposition entworfen: an der Praia de Albandeira.
↑ Abendstimmung für Romantiker und Fotografen an der Praia de Albandeira

7

ALVOR

STRAND UND HOLZWEGE

Naturfans überzeugt das an der Westalgarve gelegene Alvor gleich doppelt – und zwar abseits des eigentlichen Ortes. Interessanter sind der Küstenbereich mit dem langen Strand, der sich bis zu einem Flussmündungstrichter ausdehnt, und im Inland die zur Ria de Alvor gehörige Lagune. Dort verlaufen Wege und Holzstege.

Die Redewendung »Auf dem Holzweg sein« – im Sinne eines Irrwegs – bekommt hinter dem langen Strand von Alvor eine gänzlich andere, positive Wendung: Dort verlaufen die sogenannten *Passadiços de Alvor* und erfüllen eine zweifache Funktion. Sie bewahren Spaziergänger vor den Feuchtgebieten – und die ökologisch wertvollen Feuchtgebiete vor den Spaziergängern.

Über drei Kilometer Strand

Leicht geschwungen zieht sich der Strand von Alvor über drei Kilometer dahin und ist allein ein gutes Argument für einen Abstecher. In der Nebensaison liegt er wild und oft menschenleer da.

Westwärts dehnt sich der Strand bis zur Mündung der Ria de Alvor aus, wo sich ein Steinwall aufschichtet und Salz- und Süßwasser verschmelzen. In der Ria de Alvor finden mehrere Flüsschen aus der Serra de Monchique zusammen, einem Gebirge, das im nahen Hinterland der Küste 902 Meter hoch ansteigt. Diese grüne Bergbarriere hält die kühleren Winde des Nordens zurück und sorgt dafür, dass das Küstenklima auch in Alvor zwischen Herbst und Frühling mild und angenehm bleibt. Westlich der Ría de Alvor schließt sich die Meia Praia an, ein weiterer langer Strand, der sich in Richtung des Städtchens Lagos spannt. Die Meia Praia ist von der Strandseite Alvors allerdings nicht zu Fuß zu erreichen.

Der dünenbegrenzte Strand ist eine, das dahinter liegende Naturschutzareal eine andere Sache. Dort geht man über ein Netz aus Wegen, das die Feuchtgebiete und damit die fragile Vegetation der Salzmarsche durchzieht. Bei Ebbe glitzert der Schlick in der Sonne. Attraktiv sind die Passagen über breite Plankenpfade und Stege, die *Passadiços de Alvor*, wo man die eigenen Schritte auf dem Holz klacken hört.

Wegen der Dünenrücken gerät das Meer vorübergehend aus dem Blick, aber nicht aus dem Ohr. Dafür liegt die zur Ria de Alvor gehörige Lagune in Sicht, ein wichtiger Lebensraum für Vögel wie Stelzenläufer, Sichelstrandläufer, Austernfischer, Brandseeschwalben und Seeregenpfeifer. Wer sich fürs Birdwatching interessiert, bringt zum Spaziergang ein Fernglas mit. Manchmal hat man sogar mit der Sichtung von Flamingos Glück.

Bei einem seitlich offenen Unterstand an den Passadiços de Alvor laden Sitzbänke zum Verweilen ein – und da verweilt man gerne und lange.

← Das Naturschutzgebiet der Ria de Alvor geht praktisch nahtlos ins Örtchen Alvor über, vor dem sich Boote ins Bild schieben.
↓ Auf diesem Plankenpfad lässt sich ein Teil des Naturschutzgebiets herrlich erkunden.

INFO

GEGRILLTE SARDINEN
An die östliche Uferzone der Lagune stoßen der Hafenbereich und die Zona Ribeirinha, wo Restaurants zu einer geschmackvollen Einkehr einladen. Dazu zählt die Taverne »é Morgadinho«, die als Spezialität gegrillte Sardinen auftischt. Nach dem Essen bietet sich der Verdauungsspaziergang an der Promenade an.
Tel. +351/282 45 91 44

BESCHEIDENER ORT
Alvor ist ein bescheidener Ort, dessen alter historischer Kern sich über einen Hügel legt. Der Bummel führt zu winzigen Festungsresten aus dem Mittelalter, zur Pfarrkirche (Igreja Matriz) und durch schmale Sträßchen. Da wird der Fremde noch freundlich gegrüßt, wie so oft an der Algarve. Manche Hausfassaden tragen Schmuckkacheln mit geometrisch-floralen Mustern.

Pinien, Agaven und Baum-Aloe mit ihren roten Kerzenblumen komponieren die Bilder entlang dieses Naturpfads über der Praia dos Três Irmaos.

8

DER GRENZFLUSS

AM RIO GUADIANA

Der Rio Guadiana trennt Spanien und Portugal voneinander, seine Mündung steckt den äußersten Osten der Algarve ab. Dort gelangt man an einen wenig bekannten, aber wunderbar langen Strand. Und ein Stück stromaufwärts, hinter dem Städtchen Vila Real de Santo António, liegt ein kleines Naturschutzgebiet.

Die Reise des Rio Guadiana endet nach knapp 750 Kilometern unweit des Ostalgarve-Städtchens Vila Real de Santo António. Genau gegenüber liegt Spanien, wo der Fluss auch herkommt; er entspringt im mittleren Süden in der Region Kastilien-La Mancha. Der Name des Flusses ist arabischen Ursprungs; lange waren die Mauren in Spanien und Südportugal präsent.

Das Mündungsgebiet macht einen wilden, unberührten Eindruck und liegt abseits von Touristenströmen. So kommt es, dass der anstoßende Strand wenig bekannt ist: die Praia de Santo António. Die Sandstrandweiten verlaufen kilometerlang und eignen sich fantastisch für ein ungestörtes Beach Walking. Es gibt keine Industrie in der Nähe, die die Luft eintrüben würde, kein Dorf.

Natürlich kann man sich zur wärmeren Jahreszeit im Atlantik erfrischen. Hinterrücks schirmen Dünen und Piniengürteln den Strand ab. Die Anfahrt ist stellenweise nicht ganz einfach. Das freilich ändert sich, je weiter westwärts man kommt. Dort geht die Praia de Santo António in die Praia de Monte Gordo über – und Monte Gordo ist ein stark frequentierter Ferienort.

Naturschutzareal mit Wetlands

Über Vila Real de Santo António und Castro Marim bindet man in einer Schleife weiter nördlich aufs Neue an den Rio Guadiana und die Feuchtgebiete an, die er speist: in einem kleinen Naturschutzareal mit dem Namensbandwurm Reserva Natural do Sapal de Castro Marim e Vila Real de Santo António. Es bedeckt eine Fläche von 2308 Hektar.

Das Wort *sapal* heißt auf Deutsch »Sumpf« – und genau darum geht es hier: um Wetlands. Diese sind Lebens- und Laichräume für diverse Fischarten. Zudem sind in dieser ökologischen Nische über 150 Vogelarten dokumentiert, darunter Flamingos, Weißstörche und Stelzenläufer. Der schwarz-weiß gefiederte Stelzenläufer ist das Symboltier des Parks; charakteristisch sind seine roten, langen Beine und der schwarze Schnabel, der nadelgleich hervorsticht. Auch für Flamingos stehen die Beobachtungschancen recht gut, nicht zuletzt in den nahen Salinen.

Anhaltspunkt für die Zufahrt ab Castro Marim und eine kleine Erkundung zu Fuß ist das moderne, von der Größe her allerdings überproportionierte Informationszentrum des Naturschutzgebiets.

← Alles ist im Fluss am Rio Guadiana, der Spanien von Portugal trennt und wo kleine Segler problemlos voranschippern können.
↓ In den Feuchtgebieten hat der Stelzenläufer – Erkennungsmerkmal rote Beine – seinen Lebensraum.

INFO

ORTE IN DER NÄHE

Die nahen Orte Castro Marim und Vila Real de Santo António verdienen Stopps. Castro Marim liegt in einem Salzgewinnungsgebiet und zeichnet sich weithin sichtbar mit zwei Burgen ab. Relevant für den Besuch ist das aus dem Spätmittelalter stammende Kastell *(Castelo)*, von dem aus sich schöne Blicke ins Umland bieten.
Vila Real de Santo António liegt direkt am Rio Guadiana und wurde 1774 mit einem Muster aus schnurgeraden Straßen aus der Retorte gestampft. Rund um den Hauptplatz, die Praça Marquês de Pombal, geht es sehr geschäftig zu. Die Flussuferpromenade ermöglicht entspannende Blicke auf den Guadiana.

WEITER STROMAUFWÄRTS

Stromaufwärts bieten sich in den Orten Foz de Odeleite und Alcoutim weitere Gelegenheiten, direkt an den Rio Guadiana heranzukommen. Zwei Hinweise zu Alcoutim: Dort startet der Fernwanderweg Via Algarviana, und von Spanien her spannt sich eine Zipline über den Fluss.
www.limitezero.com

9

PRAIA DA FALÉSIA

BEACH WALKING

Diese Mischung ist an der Algarve unverwechselbar: ein kilometerlanger Strand, der auf Wildwestkulissen stößt. Etwa an der Praia da Falésia, dem – so die treffende Übersetzung – »Steilküstenstrand«. Wer sich auspowern will, startet im westlichen Teil ein Beach Walking, das sich ostwärts bis zur Marina von Vilamoura ausdehnen lässt.

Licht. Kristallklares Licht. Ein ungetrübtes Glitzern und Glimmern, das über Strände und Buchten flutet und die Sandsteinklippen in rostroten Zauber taucht. Es tänzelt über Wellentäler hinweg, stemmt sich hinein in das Türkis und Dunkelblau des Atlantiks, versenkt seine Strahlenbündel bis zum Grund und erweckt an Land ganze Teppiche aus Mittagsblumen zu blühendem Leben. Typisch Algarve, die sich mit der Flut ihrer Strände in die östliche Sandalgarve (Sotavento) und die westliche Felsalgarve (Barlavento) gliedert; hinzu gesellt sich nördlich des Kaps São Vicente die raue Costa Vicentina.

Faszinierende Farbspiele

Die zum Westteil der Algarve gehörige Praia da Falésia ist sagenhaft. Der kilometerlange »Steilküstenstrand« – so die wörtliche Übersetzung – verläuft zwischen Olhos de Água und Vilamoura und stößt rückwärtig an rostrote Felswände. Je nach Sonnenstandhöhe können die Farben zwischen Gold- und Kupfertönen changieren. Die Farbspiele komplettieren das Grün von darüber wachsenden Schirmpinien und anderen Pflanzen, das Gelb des Sands und das Blau von Atlantik und Himmel. Solch einen Mix aus Strand- und Wildwestkulissen erlebt man nicht alle Tage. Wer den Blick nur auf die Felswände fokussiert, mag sich in Canyonlandschaften Nordamerikas versetzt fühlen.

Natürlich ist die Praia da Falésia nicht frei von Menschen, noch weniger in der Hochsaison. Doch nur die wenigsten rüsten sich zu einem kompletten Beach Walking von Olhos de Água nach Vilamoura und retour. Dafür sollte man einige Stunden veranschlagen und kann sich in unverbrauchter Luft so richtig auspowern. Zwischendurch gibt es weitere Einstiegsmöglichkeiten an den Strand, um eine kürzere Strecke zu starten. Für ein Beach Walking braucht man Sonnenschutz und Trinkwasser.

Unterwegs bleibt man am besten an der Wasserlinie. Nahe an den zerklüfteten Abstürzen, die bis zu 30 Meter hoch aufsteigen, wäre keine gute Idee. Es ist nie auszuschließen, dass Stücke abbröckeln. Mutter Natur hat die Felsen zu Wänden, Türmen, Blöcken und Spitzen modelliert. Die Erosion schreitet unaufhaltsam voran.

Wer es konditionsstark bis Vilamoura schafft, gönnt sich rund um die Marina eine Pause bei einem Drink und dürfte froh sein, auf dem Rückweg wieder von einsameren Passagen geschluckt zu werden.

INFO

PRAKTISCHE TIPPS

Um auf möglichst hartem Sand zu gehen und des Körpers Fußgelenke und Bänder zu schonen, sollte man sich beim Beach Walking für die Ebbe entscheiden. Es reicht schon ein Blick aufs Smartphone, um die Gezeitentabelle aufzurufen. Vermeiden sollte man die Mittagszeit, nicht nur wegen der Hitzeentwicklung. Im Morgen- oder Abendlicht zeigen sich die Felswände hinter der Praia da Falésia in ihren schönsten Farbtönen. Ob man sich beim Beach Walking barfuß, in Flipflops oder Turnschuhen wohler fühlt, muss jeder selbst entscheiden.

LUXUSOASEN

Oberhalb der Steilküste liegen einige Luxusoasen mit direkter Aufzugs- oder Treppenanbindung an die Praia da Falésia, darunter das Pine Cliffs Resort.
Pinhal do Concelho, Praia da Falésia,
Tel. +351/289 50 01 00, www.pinecliffs.com

← An der Praia da Falésia bekommen Freunde von Beach Walking ein Glitzern in den Augen – hier kann man sich Kilometer um Kilometer auspowern.
↑ An der Marina von Vilamoura ist es mit »wild« und »ungestört« vorbei; der Jachthafen ist riesig.

10

QUINTA DE MARIM

EIN LEHRREICHER NATURPFAD

Östlich von Olhão gibt ein lehrreicher Pfad auf dem Gelände der Quinta de Marim Gelegenheit, den Naturpark Ria Formosa ausschnittweise kennenzulernen. Das Ganze ist kurz, aber intensiv. Der Weg, der auf Portugiesisch »Percurso do Centro de Educação Ambiental de Marim« heißt, ist gerade einmal drei Kilometer lang.

Der Weg hat seinen Start- und Endpunkt am Umweltbildungszentrum (Centro de Educação Ambiental) und ist als »Percurso do Centro de Educação Ambiental de Marim« nach ihm benannt. Wer nicht länger anhält, braucht nicht einmal eine Stunde für den Trail.

Auf einer etwa drei Kilometer langen Runde östlich des Hafenstädtchens Olhão lernt man in Ausschnitten jene Vegetation und Feuchtgebiete kennen, die typisch sind für den Parque Natural da Ria Formosa. Der Vorteil hier: Man braucht für die Erkundung des Naturparks kein Boot zu nehmen, um durch Kanäle zu schippern, sondern bleibt an Land.

Mit etwas Glück lassen sich viele Vögel beobachten, was von der Tages- und Jahreszeit abhängt. Darauf sollte man idealerweise mit einem Fernglas vorbereitet sein. Allein einen Weißstorch im Flug oder bei der Landung auf Nahrungssuche zu verfolgen – das ist schon etwas Besonderes. Auch Winkerkrabben und die seltenen Chamäleons haben hier ihre Habitate.

Vor annähernd 2000 Jahren unterhielten die Römer im jetzigen Naturschutzgebiet ihre Einsalztanks, von denen sich Reste erhalten haben; unterwegs ist bei einem kleinen See ein Kurzabstecher ausgewiesen.

An den Wetlands entlang

Der lehrreiche Pfad verläuft flach und ist ohne jedwede Schwierigkeit begehbar. Für einen Durchhänger sorgt eine kurze Annäherung an die landeinwärts verlaufende Bahnlinie, doch das ist zum Glück rasch vorbei. Streckenweise spenden Pinien Schatten, säumen Hecken die Strecke, duften Lavendelsträucher und Rosmarin. Doch am spannendsten wird es dort, wo der Weg an Wetlands stößt und Gelegenheit zu Vogelbeobachtungen gibt. Die Salzmarschen werden außer von Weißstörchen auch von Purpurhühnern und Flamingos frequentiert, von Großen Brachvögeln, Teichrallen, Grünschenkeln, Grau- und Seidenreihern. In der Ferne zeichnet sich die Ilha da Armona ab, eine von mehreren Inseln im Naturpark. Eine weitere Station hier an Land ist eine Gezeitenmühle. Da kommt man ganz nah dran ans Wasser.

Charakteristisch für die Vegetation im Naturschutzgebiet sind Röhricht, Stechginster, Zistrosen, Schwertlilien, Stechpalmen-Kreuzdorn und Salzpflanzen wie Schlickgräser. Gegen Ende der Rundwanderung schaut man zur Linken auf die kommerziell genutzten Salzbecken.

← Dieses Boot in der Quinta de Marim dürfte seine besten Zeiten lange hinter sich haben – doch beim Rundgang überzeugen Wege und Aussichten.
↓ Es gilt, immer auf der Hut zu sein – in dieser Region ist überall Birdwatching möglich.

INFO

ANFAHRT

Etwa einen Kilometer östlich der Stadtgrenze von Olhão liegt der Abzweig zum Centro de Educação Ambiental an der Landstraße N125; ab diesem Abzweig fährt man (noch über die Bahngleise hinweg) einen knappen Kilometer weiter.

ZUGANG UND JAHRESZEITEN

Der Zugang auf den »Percurso do Centro de Educação Ambiental de Marim« ist gewöhnlich täglich von 8.30 bis 19 Uhr möglich. Der Rundwanderpfad steht Naturliebhabern ganzjährig offen. Jede Jahreszeit bringt ihre Vorteile mit sich. Im Frühling steht die Flora in ihrer buntesten Pracht. Im Sommer kann man die Arbeit in den angrenzenden Salinen verfolgen. Im Herbst stehen die Chancen am größten, eines der raren Chamäleons im Pinienforst zu entdecken. Im Winter sind die Temperaturen milder und noch genügend Vögel für Beobachtungen da.

11

FALLSCHIRMSPRUNG

DER ALENTEJO VON OBEN

Wetten, dass einer der unberührtesten »Wild Places« im Südteil Portugals das Firmament über dem Alentejo ist? Wer mag, kann sich bei einem Tandemsprung mit dem Fallschirm einen Lebenstraum erfüllen oder einfach nur die Weite, die Freiheit, den Luftzug zwischen Himmel und Erde spüren. Ein Selbstversuch, verfasst aus der Ich-Perspektive.

Schalt' einfach den Verstand aus«, rede ich mir ein, während die Maschine hoch und höher ins Stahlblau des Himmels steigt, »das alles hier träumst du nur.« Allerdings ist dieser Traum die Realität. Ich habe sie frei gewählt. Es steht keine Wette dahinter. Keine Mutprobe. Kein Versprechen. Einfach so: ein Fallschirmsprung, die Tandemvariante. Ein Einmal-Erlebnis für die persönliche Ewigkeit und Erinnerung. Der Gedanke an den bevorstehenden Thrill hatte bereits bei der Anfahrt zum Aerodrom meine Hände schwitzen, den Magen verkrampfen und die Blase erheblich drücken lassen.

Schauplatz des Unternehmens ist der Alentejo. Der Landstrich im Süden Portugals gilt für Kenner als Topspot. Sprünge sind ganzjährig möglich, das Klima ist beständig und bringt viel Sonnenschein und lediglich leichte Winde mit sich. Und es bäumt sich in der Nähe kein Gebirge auf, das potenzielle Ausweichmöglichkeiten bei den Landungen gibt. Im internationalen Vergleich ist es zudem recht preisgünstig. Zum Routineablauf vor Ort zählt die Einweisung – und das Ausfüllen eines Formulars mit Namen und Handynummer einer Kontaktperson. Ich schreibe extra alles gut leserlich. Was das im Fall der Fälle bedeutet, kann man sich denken.

← Mutige, die den Alentejo von oben erleben wollen, buchen einen Tandem-Fallschirmsprung.

Das Wetter ist gut. Die Spannung steigt, die Nervosität – und das Kleinflugzeug, das eben von der Basis abgehoben hat – auch. Gewählt habe ich die sogenannte »Premium«-Variante des Tandemsprungs: etwa 20 Minuten Flug bis auf 4200 Meter, dort Ausstieg. Das bedeutet eine freie Fallzeit von bis zu 65 Sekunden bei einer Maximalgeschwindigkeit um 200 Stundenkilometer.

João, der Flugbegleiter

Es gibt keine Willkommensdurchsage des Piloten, keine Bordbegleitung mit einem Getränkewagen und Snacks, keine Brechbeutel. Das hier ist spartanisch. Metallisch rattert und schnarrt es an Bord. Kurz hinter der verschlossenen Luke, einer Art Garagenrolltor im Kleinformat, kauere ich auf dem Hosenboden. Ein Stück lebendes Frachtgut.

Hinter mir sitzt João, mein Flugbegleiter, mein Behüter, mein kommender Lebensbewahrer, dessen Gurtgeflecht über dem Overall mit meinem bereits per Karabinerhaken verbunden ist. Adrenalinjunkie João stammt aus Lissabon, hat über 3000 Sprünge auf dem Buckel und nur ein einziges Mal den Reserveschirm benutzen müssen. »Wenn du später oben aussteigst, glaubst du, du würdest sterben«, hat er mich am Boden eingestimmt, »aber nach drei Sekunden im freien Fall bist du richtig relaxed.«

»Noch fünf Minuten bis zum Ausstieg!«, brüllt João gegen den bestialischen Lärm der Cessna an. Ich bin schicksalsergeben, angespannt. Nicht anders scheint es den anderen Teilnehmern an Bord zu ergehen. Etwas relaxter stimmt mich, was João ebenfalls am Boden bei der Einführung gesagt hat. Nein, es war nicht sein vermeintlicher Standardspruch: »Die einzige Gefahr ist, dass du nach dem ersten Mal wieder und wieder springen willst.« Sondern: »Ich bin heute schon viermal gesprungen.« Da frage ich mich: Warum sollte es beim fünften Mal schiefgehen?

Wie in Trance

Der Sturz ins Nichts über dem Alentejo steht kurz bevor. Ich richte Schutzhelm und Brille. Unser Zweierteam ist als Erstes dran. Das Rolltor schnellt auf. Der Wind zischt mörderisch. Die Sonne sticht in die Augen. Es ist eiskalt. João drückt mich an den Ausstieg, bis meine Beine hoch über der Patchworkferne aus Korkeichen- und Olivenhainen, Feldern und Weiden baumeln.

Wie in Trance rufe ich mir im Schnelldurchlauf die Instruktionen von João ins Gedächtnis. Die Beine nach dem Ausstieg leicht kreuzen und anwinkeln. Die Arme während der ersten Flugphase öffnen. Die Beine am Ende in der Landeposition nach vorne ausstrecken. Keine Ahnung, ob das alles so hinhaut mit den Körperteilen und ich in der Aufregung nichts durcheinanderbringe.

»Wenn du draußen bist, kannst du laut schreien«, ruft João. Der Zwischenstopp an der Kante ist kurz. Will ich zurück in den geschützten Raum der Maschine? Zu spät. Es gibt keine Zeit zur Umkehr. Sanft schubst mich João hinaus.

Der Kick lässt nicht auf sich warten. Ein Sturz in die Tiefe ist gegen des Menschen Natur und der Sog, der mich erfasst, unglaublich. Die Augen scheinen sich hinter der Sprungbrille ins Innerste zu drücken, die Hautlappen meines Gesichtes umherzuwirbeln. Der freie Fall dauert, wie gebucht, etwa eine Minute. Das wird mir João später sagen. Es wäre für Greenhorns wie mich ein Ding der Unmöglichkeit, unterwegs auf die Uhr zu schauen.

Kein Gespür für Raum und Zeit

Wie betäubt fühle ich mich zwischen Himmel und Erde, habe keine Kraft für einen Urschrei, kein Gespür mehr für Raum und Zeit. Fühlt sich grenzenlose Freiheit so an? Oder Sterben? Ich weiß keine Antwort. Es geht einfach alles zu schnell. Dann zieht João die Leine. Der Ruck des aufgehenden Fallschirms ist brutal. Friedlich schweben wir abwärts. Mein Hirn kommt aus dem Stand-by-Modus zurück. Die Landung in der Nähe des Hangars gelingt punktgenau. João ist zufrieden.

Ob das Ganze zur Nachahmung animiert, muss jeder für sich entscheiden. Meine Familie ist dankbar, dass mich das Flug- und Sprungfieber nicht gepackt hat. Bei mir ist es bis heute bei diesem einen Mal geblieben.

← Der Autor und sein Begleiter in den Lüften über dem Alentejo – alles okay!
↗ Bei einem Fallschirmsprung über dem Alentejo kommt man der Stadt Évora zum Glück nicht ganz so nah …

INFO

VERSCHIEDENE SPRUNGVARIANTEN
An Varianten des Tandemsprungs stehen drei zur Wahl: »Silver«, »Gold« und »Premium«. Bei »Silver« dauert der Flug zehn Minuten und der freie Fall 20 Sekunden, bei »Gold« ist es ein 15-minütiger Flug und ein 50-sekündiger Fall, bei »Premium« verbringt man 20 Minuten an Bord und fliegt schwerelos 65 Sekunden. Bei allen Varianten bietet sich ein Panorama der größten Alentejo-Stadt Évora, werden im freien Fall 200 Stundenkilometer erreicht. Der finale Schwebeflug unterm Fallschirm dauert stets um die fünf Minuten. Zusätzlich buchbar sind Foto- und Videoaufnahmen.

DIE BASIS
Sky Dive Portugal heißt der Anbieter für Sprünge über dem Alentejo. Die Basis der Schule und des Zentrums für das Fallschirmspringen (Escola e Centro de Paraquedismo) befindet sich im Aerodrom von Évora, was ein Stück südöstlich der Stadtgrenze liegt.
Tel. +351/256 87 80 86 oder
+351/910 99 99 91,
E-Mail: info@skydiveportugal.pt,
www.skydiveportugal.pt

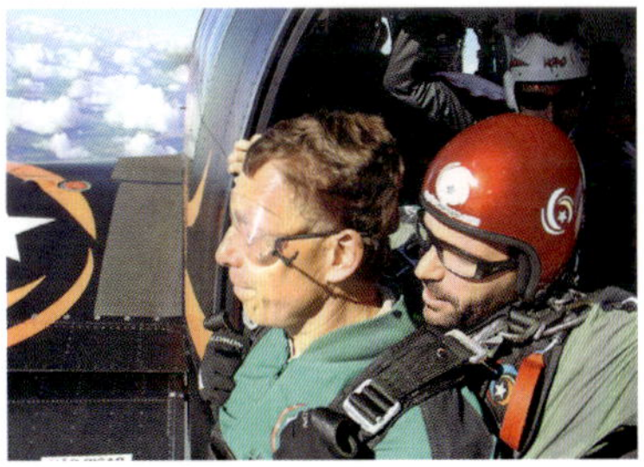

Für eine Umkehr ist es nun zu spät: der Autor und sein Begleiter beim Ausstieg aus dem Kleinflugzeug.

12

ALQUEVA

DER SEE, DER DEN GUADIANA AUFSTAUT

Seen sind prädestiniert, um »Wild Places« zu sein. Doch gilt das auch für ein von Menschenhand angelegtes Gewässer wie den Stausee von Alqueva? Die Antwort ist ein klares Ja. Ob künstlich oder nicht, die Natur rundherum hat ihre Reize. Mitten im Alentejo gelegen, staut der See von Alqueva den Rio Guadiana auf.

Der See hat dieser Region eine erstaunliche Atmosphäre gebracht. Wo vorher freies Feld war mit Olivenbäumen, Korkeichen und Steineichen, sehen wir heute Wasser und neues Leben mit idealen Bedingungen für Betätigungen unter freiem Himmel und Wassersportarten wie Segeln, Wasserski und Wakeboard oder die immer so belebenden Kanu- und Kajakfahrten.« Diese Skizzierung des Fremdenverkehrsamts, bei der Stehpaddeln und Bootsausflüge fehlen, könnte man für hoffnungslos übertriebene PR-Prosa halten. Doch der Stausee von Alqueva hat die Landschaft im Innern des Alentejo tatsächlich auch zum Guten verändert, und die umliegende Natur lockt mit neuen Reizen: ob vom Land aus oder vom Wasser. Kurz nach der Wende zum dritten Jahrtausend war alles geflutet. Nicht vergessen darf man, dass die selbstverständlichen Ansprüche des Menschen nach Energie verlangen. Die gewonnene Wasserkraft ist gewiss schonender als andere Quellen.

Der See von Alqueva gilt als einer der größten künstlichen in Europa. Im Grenzgebiet zu Spanien staut er den Fluss Guadiana auf einer Länge von über 80 Kilometern auf. Die Oberfläche bedeckt 250 Quadratkilometer. Natürlich hat der See die Natur verändert. Natürlich ist dort ein Stück Portugal unwiederbringlich versunken, aber gleichermaßen sind neue Strukturen und neues Leben entstanden. Landzungen dehnen sich aus. Es gibt einen Strand, die Praia Fluvial de Monsaraz. Das, was vorher Hügel waren, sind nun Inseln. Unverändert finden Vögel ihre Winterquartiere – nur ein bis zwei Stufen höher, wenn man so will.

Ein Bootstrip

Seichter Wind kräuselt das Wasser zu Beginn eines Bootstrips. Die Farben des Sees changieren zwischen grünlich und stechendem Blau. Käpitän Humberto Nixon hat das Sonnensegel auf dem Boot gespannt. Er erzählt von einer Uferlänge von über 1100 Kilometern, einer Tiefe bis zu 70 Metern und 440 Inseln und Inselchen unterschiedlichster Größe. Die Inseln seien in Staatsbesitz, da dürfe nichts gebaut und nichts abgeschlagen werden, sagt er.

Fische springen. Entenschwärme steigen auf. In der Vogelwelt sind sogar Möwen vertreten. Ein Fischer ist in einem winzigen Tretboot auf Achse. Olivenbäume und Korkeichen säumen die Ufer. Käpt'n Humberto fährt in einen der vielen Seitenarme, wo Baumstrünke und Felsen ihre Spiegelbäder nehmen. Humberto stellt den Motor ab. »Das ist der Klang der Stille«, sagt er und lächelt.

INFO

BOOTSTOUREN
Auf Bootsausflüge ist Alqueva Cruzeiros spezialisiert. Zur Wahl stehen verschiedene Touren, die entweder eine Stunde oder anderthalb Stunden dauern können. Zudem sind eine Sonnenuntergangstour und Kombinationen mit einer gastronomischen Versorgung an Bord oder einem Besuch des von einer Burg gekrönten Ortes Monsaraz buchbar.
Tel. +351/961 27 92 70 oder +351/961 54 45 59,
E-Mail: geral@alquevacruzeiros.pt,
www.alquevacruzeiros.pt

MIT DEM HAUSBOOT
Es ist möglich, auf dem Alqueva-See einen Urlaub auf dem Hausboot zu verbringen. Dazu braucht man nicht einmal einen Bootsführerschein. Die Basis des Anbieters Nicol's befindet sich in der Marina von Amieira. Das ist ein gänzlich anderes Hausboot-Erleben als auf Flüssen und Kanälen mit Schleusen.
www.hausboot-nicols.de

← Blick auf den Stausee von Alqueva bei Monsaraz. Aus dieser Perspektive merkt man nicht, dass das Ganze durch Menschenhand angelegt ist.
↑ Wenn der Fotograf seine Drohne steigen lässt, sieht man den Staudamm in seiner ganzen Breite.

Rötliches Farbenspiel kurz nach Sonnenuntergang unweit von Cascais über der Gesteinsformation an der Boca do Inferno; der Name bedeutet »Höllenmund«.

SÜDWEST-PORTUGAL

Wilde Atlantikstrände, Wanderwege, Klippen und die grünsten Seiten der Hauptstadt Lissabon

13

PARQUE NATURAL SUDOESTE ALENTEJANO E COSTA VICENTINA

ÜBER 100 KILOMETER KÜSTE

Dieser Naturpark trägt einen echten Namensbandwurm: Parque Natural Sudoeste Alentejano e Costa Vicentina. Er umfasst über 100 Kilometer Küste zwischen Porto Covo im Alentejo und dem Ort Burgau an der Algarve, ein Schutzgebiet mit Stränden, Klippen, dem legendären Kap São Vicente und der Flussmündung des Rio Mira.

Wer Wildromantik mag, für den ist der Parque Natural Sudoeste Alentejano e Costa Vicentina eine Liebe auf den ersten Blick – und vielleicht sogar eine Liebe für immer. Der Naturpark ist 89 569 Hektar groß und ein Mix aus Klippen, Stränden, Habitaten von Seevögeln, Buschwerk, Wildblumen und anderem Pflanzenpatchwork. Charakteristisch sind Zistrosen, die sich über weitläufige Abschnitte des Schutzgebiets legen und zwischen März und Mai blühen. Ohnehin ist das Frühjahr die beste Jahreszeit, um die Vegetation in vollster Pracht zu erleben. Typisch ist auch, dass die starken Winde vom Atlantik her die Vegetation niedrig halten und die Pflanzen regelrecht auf den Boden drücken.

Klippen und Seevögel

Die einsameren, unberührteren Gegenden des Naturparks beginnen nördlich des Cabo de São Vicente, das von den östlich gelegenen Urlaubshochburgen der Algarve rasch erreicht und entsprechend frequentiert ist. Die Ausblicke vom Kap nordwärts auf die Klippen geben einen Vorgeschmack auf die Wildheit. Fortan wechseln sich raue Strände wie Amado und Bordeira mit Steilküstenabschnitten ab. Dies ist auch das Terrain der lokalen Sammler von Entenmuscheln, die ihre Beute bei waghalsigen Manövern an den messerscharfen Klippen finden.

Die großen Unterschiede zwischen Ebbe und Flut bedeuten für viele Seevögel, dass sie reichlich Nahrung finden – und verlangen von Badegästen, die sich an Stränden wie der Praia de Monte Clérigo und der Praia da Arrifana in die Fluten stürzen, stets Vorsicht.

Die menschliche Besiedlung im Naturpark, auf den zusätzlich 28 992 Hektar Meeresanteil entfallen, ist recht dünn. Zu den lohnendsten Unternehmungen zählen Wanderungen, entweder als Tagesausflüge oder als komplette Fernwandertour.

Einen Einschnitt setzt der Flussmündungstrichter des Rio Mira, der bei Vila Nova de Milfontes den Atlantik erreicht; die Praia da Franquia ist ein geschützter Flussstrand. Im Hinterland strahlt der Tidenhub auf dem Rio Mira über 30 Kilometer bis in den Ort Odemira aus, der am Nordostrand des Naturparks liegt. Fische springen. Vögel zwitschern. Ein Graureiher verharrt auf Beutelauer. Eine kleine Wasserschildkröte geht auf Tauchstation. Wie ein bunter Kugelblitz fliegt ein Eisvogel vorbei. Pure Natur.

← Die See und Blütenmeere – Stimmung an der Felsenküste von Porto Covo im Parque Natural do Sudoeste Alentejano e Costa Vicentina
↓ Wer das Surfen liebt, wird auch den Strand von Carrapateira lieben.

INFO

PONTA DA ARRIFANA

Südwestlich des von einer Burg gekrönten Inlandsortes Aljezur liegt einer der besten Aussichtspunkte im Naturpark Sudoeste Alentejano e Costa Vicentina: Ponta da Arrifana. Hier thront man hoch über der Steilküste. Das Panorama aus Atlantik und Klippen ist fantastisch und setzt sich am nahen Strand, der Praia da Arrifana, fort. In deren Rücken türmen sich Felsküstenwände auf. Bei Flut schwinden die Sandflächen beträchtlich. Da die Parkplätze begrenzt sind, bleibt oft nichts anderes übrig, als zu Fuß hinabzugehen.

UNTERKUNFT IN CARRAPATEIRA

In Carrapateira bietet die familiär betriebene Pensão das Dunas ein Dach über dem Kopf an. Low-Budget-Reisende wählen ein Zimmer mit Gemeinschaftsbad, andere entscheiden sich für ein Apartment. Zwischen Anfang März und Ende Oktober liegt der Mindestaufenthalt bei zwei Nächten.
Rua da Padaria 9, Tel. +351/282 97 31 18,
www.pensao-das-dunas.com

14

ROTA VICENTINA

DER FISCHERPFAD

Unter ausdauernden Fernwanderern hat die »Rota Vicentina« einen guten Klang, doch der Begriff verwirrt gleichermaßen. Was sich nach einer einzigen Wanderroute anhört, besteht in Wirklichkeit aus einem Streckennetz, um das es hier aber nicht gehen soll. Thema dieses Kapitels ist der sogenannte Fischerpfad – auf Portugiesisch »Trilho dos Pescadores«.

Fischerpfad – das klingt leicht und locker, als würde ein Angler mal eben mit seiner Rute, Ködern und Schwimmern ein Stück spazieren gehen. Doch der Fischerpfad, der auf Portugiesisch »Trilho dos Pescadores« heißt, hat es in sich und füllt für Fernwanderer ein komplettes Urlaubsprogramm. Er verläuft offiziell in 13 Etappen über eine Länge von über 220 Kilometern von São Torpes bis nach Lagos an der Algarve. Die drei finalen Etappen von Sagres über Salema und Luz nach Lagos führen allerdings durch touristisch frequentiertes Terrain, das bereits zu Südportugal gerechnet werden muss. Wer den Schlusspunkt nach zehn Etappen und etwa 180 Kilometern in Sagres setzt, das ans Verkehrsnetz angebunden ist, darf sich auch als Fischerpfad-Bewältiger fühlen und hat die wildromantischsten Abschnitte erwandert. Dabei ist er durch den Parque Natural Sudoeste Alentejano e Costa Vicentina gegangen.

»Wahrscheinlich einer der besten Küstenwege der Welt« – so wird der Fischerpfad von der touristischen Vereinigung vermarktet, die ebenfalls unter dem Begriff Rota Vicentina firmiert. Die als gemeinnützig anerkannte Organisation wurde mit dem Ziel gegründet, das Netz an Wanderwegen zu betreuen und »das Potenzial dieses Gebiets für eine Dynamik an nachhaltigem Tourismus zu erweitern«, wie es heißt. Die Mitglieder kümmern sich um die Instandhaltung, die Wegefreischnitte von Pflanzen, die Aufrechterhaltung der Markierungen. Wanderer folgen auf dem Fischerpfad den grün-blauen Zeichen, die man auf Steinen oder Holzpflöcken sieht.

Praktische Hinweise

Da die Strecken des Fischerpfads nicht hinlänglich abgegrast sind wie beispielsweise die Etappen des Jakobswegs durch Nordspanien, gibt es keinen organisierten Gepäcktransport, nur begrenzte Übernachtungsmöglichkeiten und mitunter keine Gelegenheiten zur Einkehr unterwegs. Das setzt minutiöse Planungen voraus, nicht zuetzt, dass man all das, was man braucht (auch an Proviant in Fest- und Flüssigform), im Rucksack mitschleppt. Wildes Zelten inmitten der fragilen Ökosysteme ist untersagt. Die Klippen sind permanenten Erosionsprozessen unterworfen, es besteht also Absturzgefahr.

Erfahrene Wanderer empfehlen, dass das Gewicht des Rucksacks bei maximal zehn Prozent des eigenen Körpergewichts liegen soll. Da zählt gewissermaßen jedes Gramm.

← Auf dem Fischerpfad der Rota Vicentina kann man sich an den Klippen kaum sattsehen.

Bei den Vorbereitungen sollte man Hygieneartikel auf der Briefwaage genau auswiegen – und manch einer trennt sogar den Stiel der Zahnbürste ab … Vor dem Aufbruch gilt es, die Wanderschuhe pedantisch zu kontrollieren, auch wenn es sich um ein Markenprodukt handelt. Selbst dann können sich irgendwann die Sohlen ablösen. Mit diesem Problem möchte man unterwegs nicht konfrontiert werden.

Natürlich lassen sich einzelne Abschnitte auch als Halbtages- oder Tagestouren planen; im Zweifelsfall kehrt man auf derselben Strecke zum geparkten Auto zurück oder kontaktiert einen Taxiservice. Generell abgeraten wird Wanderern, die an Schwindelgefühlen oder Höhenagst leiden. Der offiziell klassifizierte Schwierigkeitsgrad der Etappen liegt mehrheitlich bei »mittel«; alpine Strapazen gibt es nicht.

Eukalyptus, Wiesen, Weiden im flachen Hinterland. Der Weg verläuft ohne nennenswerten Schwierigkeitsgrad. Schatten sucht man vergebens. Es ist einsam. Kein Dorf, keine Häuser in Sicht. Nicht zu übersehen sind die grünblauen Wegmarkierungen. Im Hintergrund taucht das Meer auf. Dann verschwindet es aus dem Blickfeld und kehrt mit Allgewalt zurück. Das Grün des Pflanzenkleids verschmilzt mit dem Blau der See. Es geht näher an die Klippen heran. Wind zieht auf. Der Pfad verengt sich, wird steiniger, verläuft abwärts an Zistrosen und gedrungenem Wacholder vorbei. Der respektvolle Umgang mit der Natur gebietet, nicht vom Weg abzuweichen.

Oberhalb eines Bucht- und Strandeinschnitts, der Praia do Telheiro, wird der Grund holprig. Da muss man extrem aufpassen, wo man die Schritte aufsetzt. In der Ferne setzt der Leuchtturm des Kaps São Vicente eine Landmarke. Verlaufen kann man sich hier nicht. Soweit die Eindrücke auf der zehnten Etappe, die zwischen Vila do Bispo und Sagres verläuft und auf den Geschmack bringen soll …

Aufbruch ins Abenteuer

Das große Abenteuer des Fischerpfads startet im Norden in São Torpes, die Auftaktetappe bis Porto Covo verläuft moderat. Strände wie Aivados und Malhão sind Wegbegleiter bis Vila Nova de Milfontes, wohin sich der Rio Mira den Weg bis zur Mündung bahnt. Weiter südlich schwirren zwischen März und Oktober Mauersegler umher, nisten auf dem Weg nach Zambujeira do Mar Weißstörche auf den Klippen – eines der Highlights der Wanderung. Auch Wanderfalken, Felsentauben und Krähenscharben, Grau- und Seidenreiher haben hier ihre Lebensräume. Die längenmäßige Königsetappe von Odeceixe nach Aljezur führt durch Feuchtgebiete und küstennahe Heidelandschaft. Es duftet nach Thymian, Rosmarin, Schopflavendel. Viele Pflanzen sind endemisch.

Die Pracht der Flora und der Küstenlandschaft mit ihren Felsformationen setzt sich fort – soweit die Füße tragen, ob bis Sagres oder noch weiter bis Lagos.

↖ Abendstimmung auf dem Fischerpfad der Rota Vicentina – Zeit, ein Quartier zu finden
← Die rote Haube des Leuchtturms über dem wilden Kap São Vicente
↗ Strand und Klippen an der Praia do Telheiro an der Costa Vicentina; die Blütenpracht verrät das Frühjahr, eine wunderbare Zeit zum Wandern.

INFO

DIE ETAPPEN

1 São Torpes–Porto Covo, 10,2 Kilometer
2 Porto Covo–Vila Nova de Milfontes, 19,7 Kilometer
3 Vila Nova de Milfontes–Almograve, 14,7 Kilometer
4 Almograve–Zambujeira do Mar, 21,5 Kilometer
5 Zambujeira do Mar–Odeceixe, 18,9 Kilometer
6 Odeceixe–Aljezur, 22,6 Kilometer
7 Aljezur–Arrifana, 17,1 Kilometer
8 Arrifana–Carrapateira, 19,5 Kilometer
9 Carrapateira–Vila do Bispo, 15,3 Kilometer
10 Vila do Bispo-Sagres, 20,2 Kilometer
11 Sagres–Salema, 19,5 Kilometer
12 Salema–Luz, 11,5 Kilometer
13 Luz–Lagos, 10,9 Kilometer

WEITERE INFOS

Zum Fischerpfad und dem insgesamt 750 Kilometer umspannenden Wanderwegenetz der Rota Vicentina gibt es weitere Infos unter www.rotavicentina.com (wählbar auch auf Deutsch). Kapitel 15 dreht sich um den »Historischen Weg«, doch darüber hinaus sind unterschiedlichste Rundwanderwege ausgewiesen.

Auf dem Fischerpfad der Rota Vicentina glitzert immer wieder der Atlantik im Hintergrund.

15

FERNWANDERTRAIL AB SANTIAGO DO CACÉM

DER »HISTORISCHE WEG«

Wer bei einer Fernwanderung mehr vom Landesinnern sehen will, entscheidet sich bei der »Rota Vicentina« für die Variante des »Historischen Wegs«. Er erstreckt sich auf knapp 220 Kilometern in elf Etappen von Santiago do Cacém über São Luís, Odemira und São Teotónio zum Kap São Vicente.

Wanderschuhe schnüren. Rucksack schultern. »Eine Reise durch die Zeit, durch die lokale Kultur und Naturvielfalt« – das ist das Versprechen der Macher des knapp 220 Kilometer langen »Historischen Wegs«, dessen Name auf Portugiesisch »Caminho Histórico« lautet. Unterwegs lernt man das Hinterland und seine Menschen kennen, geschichtsträchtige Bauwerke, Dörfer, die Pflanzenvielfalt, die Vogelwelt, die Wasserläufe, einsame Landstriche und Anwesen mit Obst- und Gemüsegärten – und ein wenig mehr sich selber. Die Effekte von Waldbaden oder Achtsamkeitspfaden, die international im Trend liegen, stellen sich automatisch ein. Schmetterlinge tanzen. Bäche plätschern und müssen vereinzelt durchquert werden. Korkeichenhaine spenden Schatten. Die eigene Energie fließt. Für die Planung gelten dieselben praktischen Hinweise wie für den Fischerpfad, darunter die zur mitzuschleppenden Verpflegung. Der »Historische Weg« ist mit rot-weißen Markierungen versehen, nichts für jedermann und daher kein Ziel von Massenbewegung.

Korkeichen, Ginster, Zistrosen

Los geht's im Städtchen Santiago do Cacém, wo sich das doppelte Wahrzeichen aus der zinnengekrönten Festung und der Hauptkirche, Igreja Matriz, zusammensetzt. Von der Burg blickt man bis zum Atlantik, doch das Meer wartet auf dem »Historischen Weg« erst im zweiten Teil der Etappen. Wie auf der Anfangsetappe nach Vale Seco zu sehen: Korkeichen sind Stützen der lokalen Wirtschaft. Alle neun Jahre werden die Stämme von routinierten Händen geschält.

Die Etappe von Cercal do Alentejo nach São Luís gilt als die anspruchsvollste: knapp 450 Höhenmeter hinauf und hinab. Lohn der Strapazen und Schweißströme sind schöne Aussichten. Im Frühling blüht der Ginster und duften die Zistrosen, die bedeutendsten Vertreter der Macchie. Idyllisch geht es an den Flussufern von Torgal und Mira zu, wo Schilf und Auwald wachsen, wichtige Refugien für die Vogelwelt. Auch Otter haben hier ihre Lebensräume. Die kleinen, schmackhaften Früchte von Erdbeerbäumen nutzen die Einheimischen für Kompott und Schnaps.

Üppig gedeihen die Buschpflanzen. Galeriewälder an Flüssen bestehen aus Trauerweiden, Erlen, Eichen, Eschen, Tamarisken. Westlich von Odeceixe erreicht man das Meer und ist fortan im Wesentlichen deckungsgleich auf dem Fischerpfad auf Achse. Den Schlusspunkt setzt das sagenumwobene Kap São Vicente.

← Keine Angst vor Begegnungen der tierischen Art – friedliches Rind am »Historischen Weg« bei Odeceixe
↓ Immer den rot-weißen Zeichen nach, die manchmal auf Bäume gepinselt sein können

INFO

DIE ETAPPEN

1 Santiago do Cacém–Vale Seco, 17,6 Kilometer
2 Vale Seco–Cercal do Alentejo, 22,6 Kilometer
3 Cercal do Alentejo–São Luís, 19,8 Kilometer
4 São Luís–Odemira, 24,7 Kilometer
5 Odemira–São Teotónio, 18,9 Kilometer
6 São Teotónio–Odeceixe, 16,6 Kilometer
7 Odeceixe–Aljezur, 22,6 Kilometer
8 Aljezur–Arrifana, 17,1 Kilometer
9 Arrifana–Carrapateira, 23,8 Kilometer
10 Carrapateira–Vila do Bispo, 21,4 Kilometer
11 Vila do Bispo–Cabo de São Vicente, 13,6 Kilometer

WEITERE INFOS

Weiterführende Infos zum »Historischen Weg« der Rota Vicentina sind unter www.rotavicentina.com zu finden. Verwirrenderweise sind dabei zwei Zusatzabschnitte des »Historischen Wegs« aufgeführt: eine Zubringeretappe von Sabóia nach Odemira (31,7 Kilometer) und das nördlichste Verbindungsstück zum Fischerpfad von Cercal do Alentejo nach Porto Covo (16,1 Kilometer).

Hier, über den Klippen des Kaps São Vicente, kann man die Stimmung tief in sich einfließen lassen, sollte aber bei aller Schönheit auch an die Sicherheit denken – nicht zu nah an die Abstürze!

16

PRAIA DA BORDEIRA UND PRAIA DO AMADO

WILDE TRAUMSTRÄNDE

Nicht weit vom Ort Carrapateira entfernt breiten sich wilde Traumstrände aus, die sich ungeschützt dem Atlantik zuwenden: die Praia da Bordeira und die Praia do Amado, lediglich eine Kapspitze voneinander getrennt. Wind und Wellen sorgen für die natürliche Beschallung. Die Praia do Amado ist ein Revier von Surfern.

Es sind nicht nur die rauen Strände Bordeira und Amado, die in der Gegend um den Inlandsort Carrapateira in den Sog der Faszination ziehen. Es ist das Zusammenspiel aus Winden und Wolken, aus Felsen und Pflanzendecken. Im Frühjahr breiten sich duftende Blütenmeere aus, doch auch sonst ist die Vegetation in diesem Teil des Naturparks Sudoeste Alentejano e Costa Vicentina ein Traum. Die Strände stehen nicht für Badespaß, das kann zu gefährlich sein. Kühl ist es obendrein. Selbst im Sommer erreicht das Höchstgefühl der Temperaturen kaum 20 Grad Celsius.

Wer sich vom Hinterland her dem Bordeira-Strand zu Fuß nähert, sieht Zistrosen, Wacholdersträucher, Thymian. Pinien spenden mit ihren dicken, buschigen Kronen Schatten. Meterhoch ragt die Blütenpflanze einer sogenannten Hundertjährigen Agave empor. Früher wurde sie oft gesetzt, um Landgrenzen abzustecken. Hinter Teppichen aus Mittagsblumen erheben sich wilde Olivenbäume, die Stämme und Zweige regelrecht niedergedrückt von den Atlantikwinden. Die Ölbäume wachsen bereits in den Ausläufern eines Dünensystems. Der Untergrund ändert sich und geht von einer Art Heideboden allmählich in Sand über.

Der Strand von Bordeira ist eine wilde, lang gestreckte Schönheit und frei von Infrastruktur. Ein rötliches Felsmassiv schiebt sich in die Sandweiten vor. Heute ist nichts los, wie so oft, lediglich ein einsamer Beach Walker ist unterwegs, der sich gegen den Wind stemmt. Barfuß durch den nassen Sand zu gehen, das ist Wellness für die Füße und die Seele. Einzig aufpassen muss man bei möglicherweise angespülten Quallen. Die Lungen pumpen sich voll mit frischer Luft.

Am Südende des Strandes stößt ein Flüsschen dazu, die Ribeira da Carrapateira, die es aber nicht bis zum Atlantik schafft. Dahinter formt sie einen kleinen See.

Surfen auch für Anfänger

Szenenwechsel. Ein Stück südlich liegt der nächste lange, wildromantische Strand wie auf dem Präsentierteller da: die Praia do Amado. Beach Walking ist eine Sache, Surfen eine andere. Hier haben Surfkursanbieter ihr Revier, bei denen Neuaufsteiger ihr Talent oder Nichttalent austesten können. »Dieser Strand ist zwischen April und Oktober für Anfänger ideal, denn hier brechen die Wellen früh und rollen sehr lange aus, außerdem kann man konstant bei Ebbe und Flut surfen«, sagt Surflehrer Ricardo Gonçalves.

← Es gelingt nicht jedem, eine gute Figur auf den Wellen zu machen – Surfer bei Sonnenuntergang an der Praia do Amado.
↓ Surfkurse beginnen mit Übungen auf dem Trockenen, erst dann geht's ins Wasser.

INFO

SURFKURSE
Interessenten finden diverse Anbieter von Surfkursen, bei denen es auch komplette Paketangebote gibt. Ein solches kann beinhalten: sechs Kurstage mit jeweils zweimal eineinhalb Gruppenstunden täglich, Equipment, Unterkunft (entweder Zeltlager, Bett in einer Gemeinschaftsunterkunft oder private Hütte) und Frühstück. Die Preise variieren je nach Saison.
Ein Anbieter ist das Amado Surf Camp, ein anderer Fun Ride.
Amado Surf Camp: Tel. +351/927 83 15 68,
E-Mail: bookings@www.amadosurfcamp.com,
www.amadosurfcamp.com
Fun Ride: Tel. +351/967 60 74 80, E-Mail: info@funridesurfcamps.com, www.funridesurfcamps.com

WEITERE INFOS
www.algarve-pur.de
www.surfguidealgarve.com/surf-praia-de-amado-algarve
www.surfguidealgarve.com/surf-praia-da-bordeira-algarve

17

NATUR IN DER HAUPTSTADT

LISSABONS GRÜNE SEITEN

Portugals Hauptstadt Lissabon, das ist »die Schöne am Tejo«, die sich über eine Vielzahl an Hügeln und uns mit all ihren Seiten in ihren Bann zieht. Doch nicht alles ist Stein, Asphalt, Kulturerbe, Ballungsraum. Das grüne Lissabon hat mehr und mehr Raum gewonnen – und manche Parks und Gärten bieten nicht nur Facetten des Grüns.

Palmen. Kiefern. Blumenbeete. Vogelgezwitscher. Tief durchatmen. Es blüht und duftet. Lissabon von den natürlichsten Seiten erleben? Das geht am Tejo an den großzügig angelegten Flussuferzonen des Parque das Nações, aber auch andernorts. Manche Gärten und Parks bieten nicht nur Wege und Ruhebänkchen, sondern reichlich Bonusmaterial. Man darf sich überraschen lassen. Nachfolgend einige Tipps:

Zunächst braucht man etwas Kraft. Startpunkt ist oberhalb des Platzes Marquês de Pombal. Beidseits von Wiesen- und Heckenzonen steigen die breiten Aufgänge des Parks Eduardo VII rampengleich an, verschont von Verkehr, gesäumt von Ruhebänkchen in Schräglage. Nach wenigen Hundert Metern landet man an einem Aussichtsspot mit Blick auf den fernen Tejo. So weit, so gut. Doch es geht noch besser. Denn der schönste Teil des Parks ist der, den man zunächst nicht sieht, da er versetzt in der Tiefe liegt. Es ist die Estufa Fria. So heißt der historische Gewächshausgarten, der an einen vogelreichen See stößt.

Die Estufa Fria ist eine Entdeckung für Naturfans und wirklich ungewöhnlich. Da blüht das Herz in Portugals größter Metropole auf. Man durchstreift hier ein Pflanzenparadies inmitten der Stadt. Dokumentiert sind über 300 botanische Arten, darunter viele exotische aus verschiedenen Kontinenten. Die Anlage – teils Freiluft, teils überdacht – entstand ab 1910 in einem vorherigen Steinbruch. Riesenfarne blättern sich auf. Es gibt Hortensien, Fuchsien, Lorbeerbäume. Eine winzige Grotte strahlt Kühle ab. Wasser plätschert. Hähne krähen. Und in Teichen tummeln sich Goldfische.

Auszeiten in kleinen Anlagen

Oberhalb des Parks Eduardo VII setzt sich Lissabons grüner Korridor mit dem Jardim Amália Rodrigues fort. Dieser kleine Garten ehrt mit seinem Namen die legendäre Fadosängerin Amália Rodrigues (1920–1999); Fado, das ist der portugiesische Blues.

Die Begrüßung gibt eine voluminöse Mutter mit voluminösem Kind: die Skulptur »Maternidade« des kolumbianischen Bildhauers Fernando Botero (1932–2023). Nach diesem Kulturstopp geht es auf ein Holzbrückchen zu, Seerosen und einen nett angelegten Rundteich. Dort kann man Frische atmen und direkt am Wasserrand eine Auszeit im Großcafé Linha d'Água nehmen.

Der Jardim do Torel ist ein weiterer kleiner Park, den nicht jeder kennt. Er versteckt sich abseits des Mainstreams in

→ Die Pflanzenvielfalt in der Estufa Fria ist besondere Entdeckungen wert.

← Ein stolzer Pfau ist eine schöne Beigabe zur Flora im Botanischen Garten.
↙ Ein Pavillon im Jardim da Estrela, doch schöner ist es auf den Wegen.
↘ Hinter dem kleinen See im Jardim Amália Rodrigues gibt es auch eine Möglichkeit zur Einkehr mit Plätzen direkt am Wasser.

einer einfachen Wohngegend nahe der Fakultät der Medizinischen Wissenschaften in der Rua Júlio de Andrade. Hohe Bäume spenden Schatten, darunter verteilen sich Holzsitze mit separaten Fußauflagen. Da erlebt man Lissabon ganz relaxed, wie von einer Aussichtsbühne aus.

Der »Sternpark«

Dieses Juwel ist ein Park für Jung und Alt, für Familien und Verliebte: der Jardim da Estrela, der »Sternpark« bei der »Sternbasilika«, der Basílica da Estrela. Die 4,6 Hektar große Anlage reicht in die Mitte des 19. Jahrhunderts zurück. Dahinter standen ein Markgraf, Sponsorengelder und Gartenplaner. In seinen Anfängen stieg der Park rasch zum neuen gesellschaftlichen Treffpunkt auf und nahm den Charakter eines Vergnügungsparks an.

Sobald man die Gittertore passiert hat und auf den Wegen umhergestreift ist, stellt man den Park in die Spitzengruppen der Grünareale in Lissabon. Er ist klein, kompakt, vielfältig. Der Wind fährt durch Palmen, Bambus, Bananenblätter. Riesengummibäume breiten krakengleich ihre Wurzeln aus. Kakteen und Agaven setzen weitere Injektionen Exotik. Nahe dem zentralen Pavillon zieht es größere Kinder aufs Seilklettergerüst, kleinere auf einen Spielplatz. Ein guter Service für durstige Spaziergänger sind etliche Trinkwasserbrünnchen.

Für eine ausgiebigere Pause empfiehlt sich das Banana Café mit seinen Schattenplätzen neben einem Teich. Während man einen frischen Orangensaft schlürft oder eine hausgemachte Limonade, üben sich Enten auf dem Wasser im Kopfstand.

Der Botanische Garten

Der Jardim Botânico d'Ajuda war der erste Botanische Garten überhaupt in Portugal: eine Anlage im Zeitgeschmack des Barocks mit Wurzeln im Jahr 1768 und auf dem Gelände, das zum Palast von Ajuda gehört. Dort residierte später die portugiesische Königsfamilie. Prinzessinnen, so sagt man, sollen Geheimgänge zwischen den Grünanlagen und dem Palast genutzt haben. Die Motive dürften nicht die moralischsten gewesen sein.

Die Ursprungsplanungen des Gartens lagen in Händen des Markgrafen von Pombal und des italienischen Naturforschers Domingos Vandelli. Deren Absichten waren klar definiert: Der Park sollte dem royalen Nachwuchs praktischen Anschauungsunterricht in Sachen Naturkunde liefern. Auch für Wissenschaftler war das ein Garten Eden für Studien. Die Öffentlichkeit hatte man seinerzeit nicht im Blick. Portugiesische Expeditionen sammelten in Übersee extra Samen und Pflanzen, um sie hierherzubringen. So häuften sich über 5000 Spezies an, unter anderem aus Brasilien, Angola oder von den Kapverdischen Inseln.

Seit seiner Gründerzeit hat der Botanische Garten nichts von seinem Charme verloren. Man genießt die Ruhe und die Blütenpracht, saugt die Aromen auf und streift an Beeten und fein beschnittenen Hecken entlang. Erfreulich zudem, dass der Eintrittspreis sehr moderat ist.

INFO

ÖFFUNGSZEITEN UND TIPPS

Öffentliche Parks wie der Jardim da Estrela und der Jardim do Tourel sind täglich von morgens bis abends geöffnet. Die Estufa Fria öffnet von Ende März bis Ende Oktober Di–So 10–19 Uhr, zwischen Ende Oktober und Ende März Di–So 9–17 Uhr. Dazu zwei Tipps: Sonn- und feiertags bis 14 Uhr ist der Eintritt in die Estufa Fria frei, ansonsten ist er in der Lissabon-Entdeckungskarte »Lisboa Card« (s. u.) inkludiert.
Der Botanische Garten (Jardim Botânico d'Ajuda) ist von Mai bis September Mo–Fr 10–18 und Sa/So 10–20 Uhr, im April und Oktober Mo–Fr 10–17 und Sa/So 10–18 Uhr und von November bis März täglich 10–17 Uhr geöffnet.
www.isa.ulisboa.pt/jba

WEITERE INFOS

Die offizielle Tourismuswebsite zu Lissabon lautet www.visitlisboa.com. In der oben erwähnten »Lisboa Card« sind die Nutzungen öffentlicher Verkehrsmittel wie Metro und Straßenbahnen sowie Eintritte in über zwei Dutzend Museen und Monumente enthalten. Bei der Gültigkeitsdauer hat man die Wahl zwischen 24, 48 und 72 Stunden.
www.lisboacard.org

Kleine Kunstinjektion mit einer Skulptur beim Spaziergang durch die Estufa Fria

PORTUGALS TIERWELT

UNTER FLAMINGOS, DELFINEN UND LUCHSEN

Birdwatching, je nach Interesse in professioneller Begleitung, ist eine der besten Aktivitäten, um sich Portugals Fauna – vom Fischadler bis zum Seidenreiher – zu nähern. Inselwelten wie die Berlengas und die Weiten im Naturpark Ria Formosa sind Vogelparadiese. An Land wiederum leben seltene Arten wie der Pardelluchs, der Iberische Wolf oder Chamäleons. Und im Wasser kann man mit etwas Glück selbst in Küstennähe auch mal Delfine ausmachen.

Wer mit Kamera, Smartphone und Fernglas an Land loszieht oder auf Bootstour geht, darf auf Erfolgserlebnisse hoffen. Die Vielfalt der Arten zeigt sich vor allem in der Vogelwelt, die das Herz von Ornithologen höherschlagen lässt. Da gibt es Weißstörche, deren wuchtige Nester einen Zentner und mehr auf die Waage bringen können, Schwarzstörche, Fischadler sowie diverse Möwen- und Reiherarten wie den Silber-, Grau-, Purpur- und Seidenreiher. Auf offenem Gelände fühlen sich Großtrappen wohl, in Feuchtgebieten Säbelschnäbler und Stelzenläufer. Für seine gewaltigen Baumhorste ist der Mönchsgeier und als Rarität der Iberische

← Der Pardelluchs – auch: Iberischer Luchs – ist eine Rarität in der Tierwelt.
↙ Hier springen Delfine vor der Algarve-Küste von Lagos.

Kaiseradler bekannt, den man an seinem weißen Flügelbug erkennt. Kleiner sind der Wanderfalke und die zur Familie der Kormorane zählende Krähenscharbe. Seevögel lassen sich in Inselwelten wie den Berlengas und im Naturpark Ria Formosa bestens beobachten.

Flamingos und Große Tümmler

In den Mündungsgebieten des Tejo und Sado sowie in den Naturschutzgebieten Ria Formosa und Sapal de Castro Marim-Vila Real de Santo António sind Rosa Flamingos vertreten, die die Landschaft grazil durchstelzen und mit ihren Seihschnäbeln das Wasser durchkämmen. Leibspeise sind die winzig kleinen Salinenkrebse, die sich als Mikroshrimps bezeichnen lassen. Beobachtungsglück braucht es, um Delfine auszumachen, die sich gelegentlich in Küstennähe sehen lassen. Die Gewässer der Costa Azul und der westlichen Algarve zählen zu den Habitaten der bis zu dreieinhalb Meter langen Großen Tümmler und der etwas kleineren Gemeinen Delfine. Unter Wasser tummeln sich auch Oktopusse, Thunfische, Sardinen, Seepferdchen, Seeteufel und Wolfsbarsche. Bei diversen Arten von Walen richtet sich der Fokus eher auf die Azoren.

Weniger spektakulär ist das Wildlife an Land, wo der Pardelluchs, der Fischotter, der Ichneumon und die Kleinfleck-Ginsterkatze zu den ungewöhnlichen Arten zählen. Seltenheitswert haben auch der Iberische Wolf und Chamäleons. Verhältnismäßig weit verbreitet hingegen sind Wildschweine, Hasen, Dachse, Rebhühner und Rotfüchse. Eidechsen huschen überall umher und lieben es, Sonne zu tanken – auf Fotopirsch sollte man sich vorsichtig nähern.

Auf einem anderen Blatt stehen Pferde und Hunde. Der im Norden gelegene Nationalpark Peneda-Gerês ist Heimat der kleinen, wilden Garrano-Pferde. Portugals edle Lusitano-Pferde kommen bei der Dressur zum Einsatz. Und der Cão de Castro Laboreiro ist eine altehrwürdige Schutzhunderasse.

INFO

WANN VÖGEL BEOBACHTEN?

Zwei besonders gute Epochen für Vogelbeobachter sind der Frühling mit den Monaten zwischen März und Mai sowie die Monate September und Oktober, wenn die Migrationen für eine größere Artenvielfalt sorgen. Andererseits sind beispielsweise Flamingos an der Algarve nicht nur temporäre Gäste, die zu ihren Winterquartieren in Afrika aufbrechen; ein Teil bleibt mittlerweile ganzjährig.

DELFINBEOBACHTUNGEN

Bootsausfahrten zu Delfinbeobachtungen werden in diversen Küstenorten angeboten, darunter an der Algarve. Die Erfolgsaussichten liegen bei 98 Prozent. Eine Teilnahme muss jeder mit seinem ökologischen Gewissen vereinbaren. Es besteht kein Zweifel daran, dass der Mensch in die altangestammten Lebensräume eindringt und die Boote für die Tiere und deren Nachwuchs störenden Motorenlärm bedeuten.

18

PANORAMASPOTS

LISSABONS BESTE AUSSICHTEN

Lissabon ist bekannt für tolle Aussichtspunkte, die *miradouros*. Dort liegt Besuchern Portugals Hauptstadt auf unterschiedlichste Arten zu Füßen. Das kann ein gemütlicher Logenplatz über den Häuserdächern eines Viertels oder über dem Flusslauf des Tejo sein. Oder ein Spot mit einem gewissen Thrillfaktor.

Es ist kein Kunststück, Lissabon aus gewissen Höhen und unvergesslichen Aussichtspunkten zu erleben – man muss nur wissen, wohin. Klassiker sind die Burg São Jorge und das monumentale Christusdenkmal auf der anderen Seite des Tejo. Ebenfalls herrlich, aber eingänglich bekannt ist der Miradouro de Santa Luzia. Schön ist es trotzdem. Rundherum komponieren Bougainvilleen, Schmuckkacheln und Rosenbeete einer winzigen Gartenanlage die Bilder. Zu Füßen liegen die verschachtelten Gassen des Viertels Alfama. Blickbegleiter im Hintergrund ist der Tejo, über den Fähren und andere Boote schippern. In der Nähe des Aussichtspunkts Santa Luzia ist auch das Panorama am Miradouro das Portas do Sol buchstäblich spitze. Dieser Spot schiebt sich als Terrasse ein Stück hinaus.

Exzellente Logenplätze

Hinter der Kirche Graça öffnet sich der breite Aussichtsspot des Miradouro da Graça. Fern von Verkehrslärm findet man Sitzfläche auf der Mauer am Gitter. Dort saugt man eine der besten Totalen des Lissabonner Häusermeers in sich auf, ein Großmosaik mit bunten Sprenkeln. Manche Fassaden leuchten gelb, andere blau. Schräg links liegt die Burg São Jorge, der Tejo liegt etwas weiter weg.

Auch der Miradouro da Senhora do Monte ist ein exzellenter Logenplatz und liefert kostenlosen Anschauungsunterricht in Sachen Stadtgeografie und Stadtentwicklung. Überall greifen Alt und Neu ineinander.

Für kontrollierte Dramatik steht der Aussichtspunkt Experiência Pilar 7, der an die Brücke 25 de Abril angebaut ist. »Pilar 7« bezeichnet den siebten Brückenpfeiler. *Experiência* bedeutet auf Deutsch »Erlebnis, Experiment, Probe«. Gemeint ist hier eine Mutprobe, denn der Aussichtspunkt besteht aus einer Glasbox in knapp 66 Metern Höhe. Unter dem Gittersteg, auf den man hinaustritt, gähnt die Tiefe. Da erlebt man Lissabon mit intensivem Thrillfaktor aus einem neuen Blickwinkel. Aber keine Sorge: Alles ist bislang sicher gewesen. Hinauf und hinunter fährt ein Aufzug, falls er nicht gerade außer Betrieb ist.

Über die benachbarte Brücke, ein Meisterwerk der Ingenieurskunst, donnern Fahrzeugverkehr und Bahnen, auch direkt hinter den Trennwänden. Ruhe ist hier nicht das Versprechen, aber man schaut auf den glitzernden Strang des Tejo. Wenn man Glück hat, schiebt sich gerade eine Jacht oder ein Containerfrachter ins Bild.

← Lissabon aus verschiedensten Blickwinkeln erleben, das geht von diversen Aussichtspunkten aus, hier über dem Altstadtviertel Alfama.
↓ Der Aussichtspunkt Experiência Pilar 7 ermöglicht einen ganz besonderen Blick auf den Tejo.

INFO

EXPERIÊNCIA PILAR 7
Experiência Pilar 7 liegt im Stadtviertel Alcântara. Die Öffnungszeiten sind täglich von 10–18 Uhr, der letzte Einlass eine Stunde vor Schließung. Bei der Lissabon-Entdeckungskarte »Lisboa Card« ist der Eintrittspreis enthalten.
Avenida da Índia, Pilar 7 da Ponte 25 de Abril, www.visitlisboa.com/en/places/pilar-7-bridge-experience

AUSSICHTSPUNKT IM ZENTRUM
Frei von Dramatik ist der Miradouro do Arco da Rua Augusta, ein Aussichtspunkt mitten im Zentrum. Er liegt hoch über dem monumentalen Bogen Rua Augusta, der sich über die geschäftige Rua Augusta spannt. Der Triumphbogen war ein Symbol für das neue Lissabon, das nach den Erdbebenschäden 1755 entstand. 360-Grad-Aussichten bieten sich von der großen Terrasse.
www.visitlisboa.com/en/places/arco-da-rua-augusta

19

PARQUE NATURAL DE SINTRA-CASCAIS

GEBIRGE, MEER UND WILDES KAP

Der Parque Natural de Sintra-Cascais, ein 14 451 Hektar großer Naturpark im weiten Nordwesten von Lissabon, ist ein Phänomen. Er umfasst die verschiedensten Landschaftsformen zwischen der Atlantikküste um das Cabo da Roca und den grünen Höhenzügen über dem Städtchen Sintra. Dort erwarten Besucher kulturelle Zugaben.

Die Menschen aus Lissabon sind zu beneiden. Um ihre Stadt, aber auch um das erweiterte Umland. Dort öffnen sich mit Küstenstrichen und Bergen ganz andere Welten, die der Naturpark Sintra-Cascais auf 14 451 Hektar auf sich vereint. »Wilde Schönheit vor den Toren von Lissabon«, so sagt man gerne dazu.

Wahrzeichen des Naturparks an der Küste ist das Cabo da Roca. Unbändig geht es um das Kap zu, den südwestlichsten Zipfel von Kontinentaleuropa – ein »Wild Place« par excellence. Den Altvorderen galt der schroffe Landvorsprung als »Ende der Welt«. Blütenteppiche aus Mittagsblumen breiten sich über das Plateau, dem ein Leuchtturm aufsitzt, gelegen auf 165 Höhenmetern. Welch ein Wächter über dem Atlantik! Seine Inbetriebnahme im Jahr 1772 bedeutet, dass man es mit Portugals zweitältestem Leuchtturm zu tun hat. Das Licht strahlt fast 50 Kilometer weit.

Reizvoll sind die Aussichtsvorsprünge über der Steilküste. In den Tiefen wütet die Brandung und schickt die Gischt als Gruß hinauf. Über der See hängt gleißendes Licht. Der schneidende Wind treibt Schaumkronen vor sich her. Die Brandung donnert gegen die Felsen. Dramatische Bilder mit entsprechenden Soundeffekten. Die nächsten und bekanntesten Festlandpunkte gen Westen sind New York und Boston in Nordamerika.

Die wilden Küstenstriche und das nahe Hinterland sind Habitate von Krähenscharben, Mauerseglern, Turm- und Wanderfalken. Weiter nördlich erstreckt sich die Küste bis zum »Großen Strand«, der Praia Grande. Dort fühlten sich schon die Dinosaurier wohl, wie versteinerte Spuren in der Gegend verraten.

Höhen bis zu 529 Meter

Im Rücken des Cabo da Roca steigen die grünen Flanken der Serra de Sintra auf und erreichen Höhen von 529 Metern. Das ist klimatisch und landschaftlich ein herber Wechsel der Kontraste.

Kieferndüfte statt salziger Seeluft, überwucherte Buckel statt schäumender Wellentäler, Märchenwälder und ausgestreute Gesteinsbrocken – ganz so, als hätte Zyklopenhand sie in die Weite geschleudert. Kein Wunder, dass man vor Jahrtausenden beim Anblick der Serra de Sintra an ein Vorgebirge des Mondes glaubte. Trotz unmittelbarer Nähe zum Atlantik eröffnen sich hier gänzlich andere Welten. Schon im 9. Jahrhundert kamen die Mauren in den Genuss jener

← Über den Klippen des Cabo da Roca blühen Mittagsblumen, thront der Leuchtturm, bieten sich herrliche Panoramen.

Höhenfrische, als sie zur Kontrolle des Küstenstreifens und des Umlands von Lissabon ihr »Maurenkastell«, Castelo dos Mouros, ins Gebirge platzierten. Wie ein langer, grauer Steinwurm schneiden sich die zinnenbewehrten Mauern durchs Grün, laufen Treppen und Wälle schier unendlich weit von Wachtturm zu Wachtturm.

Die strategische Vorzugslage der Festung erlaubt Doppelblicke auf das, was in friedlichen Zeiten später hinzukam und zum Welterbe der Menschheit gehört: abwärts im tiefen Tal das Königsschloss von Sintra, eine Kuppe bergauf in der Serra das Herrschaftspalais von Pena.

Bombastische Königsschlösser

Wer sich zum Traumpalast Pena hin steigern will, beginnt im Tal mit dem zweckmäßiger konzipierten Sommerschloss von Sintra. Auf maurischen Wurzeln fußend, machten sich Portugals Könige jahrhundertelang an Um- und Erweiterungsbauten zu schaffen und vereinten ihre Geschmäcker unter einem Dach. Tonangebend war Monarch Manuel I., auf den die üppigen Dekors aus Schmuckkacheln, Azulejos, und der Turm mit dem Wappensaal zurückgehen. Überragt sieht sich das royale Palais von Küchenschornsteinen, Sinnbild der »Gefräßigkeit eines Königs, der jeden Tag ein ganzes Königreich verschlingt«. So José Maria Eça de Queiroz, einer der bedeutendsten portugiesischen Literaten des 19. Jahrhunderts.

Legt man die gedeckte Tafel im Dinnersaal und die Größe der Küchenhalle zugrunde, dürfte man seine Mägen im Herrschaftspalais von Pena nicht weniger üppig gepflegt haben. Eingebettet in einen dichten, verschlungenen Höhenpark mit einer Vielzahl an Bäumen, sticht das Schloss mit Türmchen und Kuppeln in Rot- und Gelbtönen hervor. »Portugals Neuschwanstein« hat man das Pena-Palais getauft, das der romantisch gestimmte Ferdinand von Sachsen-Coburg-Gotha, Gemahl von Königin Maria II., ab 1844 neu errichten ließ. Man wusste, was man sich gönnte – und sparte an nichts. Weder an plüschigen Sesseln noch an Einlegearbeiten, auch nicht an Figürchen- und Blumengirlanden aus Porzellan. Verspielt, verrückt und mit grandiosem Edelkitsch verschnörkelt. Auswüchse des Luxus allerorten, selbst auf dem »Örtchen«, wo Carlos I. seine menschlichen Lasten von einem Porzellanklo aus abwerfen durfte.

In der Palastarchitektur mischten sich Versatzstücke aus Orientalik und Neogotik, bei den dekorativen Motiven Blumen, Ritterkämpfe und Schlangenköpfe. Ein Highlight: der Festsaal, durch den die Paare während der rauschenden Ballnächte schwebten und Hof und Minister Walzer tanzten – umgeben von prachtvollen Stuckelementen und einem Leuchter aus vergoldeter Bronze.

Über Tag konnte man die Aussicht bis hinab zur Küste genießen und ließ den Blick über das überflutende Grün schweifen. Portugal ist längst kein Königreich mehr, doch am fantastischen Panorama hat sich bis heute nichts geändert.

← Wer das Maurenkastell im Gebirge erkunden will, braucht ein wenig Ausdauer.
↗ Klippen und Atlantik – diese wilde Szenerie zieht Betrachter um das Cabo da Roca in den Bann.

INFO

BESUCHERINFORMATIONEN

Das »Maurenkastell« (Castelo dos Mouros) ist täglich von 9.30–18 Uhr zugänglich.
Der Palast von Sintra öffnet gewöhnlich täglich von 9.30–18.30 Uhr.
Auch der Palast von Pena steht Besuchern normalerweise täglich von 9.30–18.30 Uhr offen, der Park von Pena von 9–19 Uhr.
Weitere Infos unter www.parquesdesintra.pt mit dem Link zu Ticketverkäufen unter www.bilheteira.parquesdesintra.pt. Für den Palast von Pena ist zu einem Aufpreis der Buszubringer ab Sintra zusätzlich buchbar.

PARK UND PALAST MONSERRATE

Zugaben bei den Entdeckungen und der Vermischung von Natur und Kultur sind der Park und Palast von Monserrate (Palácio e Parque de Monserrate). Im 19. Jahrhundert entstand auf Betreiben des britischen Kaufmanns und Kunstsammlers Francis Cook dieses romantische Ensemble. Der Park mit seinen gewundenen Wegen und lauschigen Winkeln wurde gewollt wild angelegt und mit exotischen Pflanzen bereichert. Auch Portugals Vegetation ist mit typischen Vertretern wie dem Erdbeerbaum und der Korkeiche vertreten. Öffnungszeiten: Der Park ist täglich von 9–19 Uhr, der Palast von 9.30–18 Uhr geöffnet. www.parquesdesintra.pt

Eine Außenansicht des Palastes Monserrate, der auf das 19. Jahrhundert zurückgeht

Über die Serra da Estrela, das »Sterngebirge«, verteilen sich urwüchsige, verschlafene Dörfer; eines davon ist Piódão.

ZENTRAL-PORTUGAL

Zwischen Atlantik und Inland reißen die »Wild Places« mit – auch in die Unterwelt.

20

NAZARÉ

DIE MONSTERWELLEN

Eigentlich unterscheidet sich das Küstenstädtchen Nazaré nicht wesentlich von anderen. Das Meer bestimmt seit alters her die Bilder und hält den Fremdenverkehr in Schwung. Doch den Unterschied machen Monsterwellen, die Nazaré in ein weltweites Mekka für die Gemeinde der Big-Wave-Surfer verwandelt haben.

Ein Wohnhaus? Ein Kran? Oder fast das Dreifache eines Sprungturms im Freibad. Wenn man die Höhe der knapp 30 Meter hohen Monsterwellen von Nazaré in eine Relation setzen will, erscheint Altbekanntes vor dem inneren Auge. Ein guter Vergleich ist das Brandenburger Tor in Berlin. Wem es an Vorstellungskraft mangelt, kann sich zu YouTube-Videos durchklicken, wo Verwegene auf Surfbrettern die Ritte auf Riesenwellen wagen.

Nazaré hat sich zum weltberühmten Mekka für Big-Wave-Surfer entwickelt. Dabei macht das Küstenstädtchen an sich nicht den spektakulärsten Eindruck. Es geht entspannt zu. Nördlich der Marina läuft der Hauptstrand auf ein gewaltiges Felsmassiv zu. Nebendran steigt ein Häusermeer aufwärts. Ganz oben im Stadtteil Sítio ist eine Höhe von über 100 Metern erreicht; Sítio dehnt sich weit über einen Vorsprung, an dessen Nordseite sich die Wogen an Klippen brechen. Da macht Nazaré einen deutlich wilderen Eindruck. Schöne Aussichten bieten sich ein Stück unterhalb nahe dem Leuchtturm, den man leicht zu Fuß erreicht. Ab dort führt ein Pfad hinab an den Nordstrand, die Praia do Norte. Genau dort strömt die Surfergemeinde hin. Gläubige hingegen zieht es in Sítio ins Marienheiligtum Unserer lieben Frau von Nazaré, das schon der Seefahrer Vasco da Gama aufgesucht haben soll.

Ein wenig Beistand können auch jene Wagemutigen gebrauchen, die sich auf die Riesenwellen wagen. »Zugmaschinen« dorthin sind Jetski. Die Saison der graublauen Wasserwände erstreckt sich von November bis Februar.

Die Jagd nach Rekorden

Warum sich in Nazaré Monsterwellen auftürmen, erklärt sich durch einen Unterwassercanyon vor der Küste. Er ist 230 Kilometer lang und über 5000 Meter tief.

Die winterliche Monsterwellensaison bringt jene nach Nazaré, die Rekorde brechen und ihre Namen in den Geschichtsbüchern verewigt sehen wollen: die, die als Surfer die höchsten Wellen der Welt bewältigt haben. Pionier bei derlei Grenzerfahrungen war der Nordamerikaner Garrett McNamara, der es 2011 mit einem Monster von 23,77 Metern aufnahm. Später setzten der Brasilianer Rodrigo Koxa (24,38 Meter), der Deutsche Sebastian Steudtner (26,21 Meter) und – als Frau – die Brasilianerin Maya Gabeira (22,4 Meter) neue Rekordmarken. Es gibt keinen Zweifel, dass sich diese in Zukunft fortsetzen werden.

← Vor Nazaré – hier eine Luftansicht auf den kleinen Leuchtturm – brechen sich hohe Wellen; bei Monsterwellen geht es jedoch weit höher hinaus.
↓ In Nazaré verbindet die Standseilbahn die Unter- mit der Oberstadt.

INFO

DIE STANDSEILBAHN

Ein Erlebnis ist es, ab Nazarés Unterstadt die Standseilbahn *(ascensor)* hinauf in den Stadtteil Sítio zu nehmen. Die Strecke wurde bereits 1889 eröffnet. Die Bahn verkehrte seinerzeit mit Dampf und ist natürlich hinlänglich modernisiert worden. Das maximale Gefälle beträgt 42 Prozent, die Streckenlänge 318 Meter. Die Panoramablicke unterwegs sind fantastisch, auch auf den Hauptstrand. Die Bahn verkehrt normalerweise täglich von 7.15 Uhr bis Mitternacht im 15-Minuten-Rhythmus. Es gibt ein preisreduziertes Ticket für Hin- und Rückfahrt. Manchmal gilt es, sich in einer Warteschlange in Geduld zu üben.

WEITERE INFOS

www.nazareportugaltourism.com
www.centerofportugal.com

21

ALMOUROL

EINE FLUSSINSEL, EINE BURG

Dieser »Wild Place« sticht als grandiose Verschmelzung von Natur und Kultur heraus und ist jedweden Umweg wert. Die Burg von Almourol – für Kenner die vielleicht schönste in ganz Portugal – liegt abseits des Mainstreams und ragt spektakulär aus einer Flussinsel im Tejo. Die kurze Reise dorthin ist nur im Zubringerboot möglich.

Plötzlich taucht es hinter einer Straßenbiegung auf. Majestätisch, unwirklich, wie eine Erscheinung: das Kastell von Almourol. Es ist eingefasst in das sanfte, hügelbeflankte Tal des Rio Tejo, der sich südwestwärts seinen weiteren Flussweg bis Lissabon bahnen wird. Die Burg thront auf Felsmassen auf einer Insel mitten im Fluss, zeigt Zähne aus Zinnenreihen und hebt sich mit dem Braun und Grau der Türme und Mauern vor dem Himmelsblau ab. Bis ans Ufer strahlt das Bauwerk eine geheimnisvolle Aura aus. Zu erreichen ist es nicht auf dem Landweg, sondern einzig über den Fluss. Es gibt einen Bootspendelservice. Kenner rühmen das Castelo de Almourol als die vielleicht schönste Burg ganz Portugals. Zum Glück liegt sie abseits des Mainstreams und wird nicht so von Besuchern geflutet wie Ziele in Lissabon oder Porto.

Ein Erbe der Tempelritter

Wem, so fragt man sich, kam es in den Sinn, ein Kastell auf einer Flussinsel zu erbauen? Die Ursprünge gelten als ungesichert und könnten sogar in die Römerzeit zurückreichen, doch im 12. Jahrhundert waren es nachweislich die Tempelritter, die sich des Burgvorläufers der Muselmanen annahmen. Zu jener Zeit tobten vielerorts in Portugal die Rückeroberungskämpfe zwischen Christentruppen und Mauren. Gerade dieses Kastell versinnbildliche wie kaum ein anderes Bauwerk die christliche Rückeroberung, untermauern regionalpatriotische Quellen. Unter ihrem Großmeister Gualdim Pais bauten die Templer die Festung aus und gaben ihr das Aussehen eines Ehrfurcht einflößenden, uneinnehmbaren Gebildes.

Opuntien und Vogelgezwitscher

Alberto, der Schiffer, lässt sich Zeit. Er wartet auf mehr Besucher, um sein Motorboot zu füllen. Bis es soweit ist, kann man sich die Zeit mit einem Uferstreifzug und Birdwatching vertreiben. Enten sind in der Nähe. In der Ferne breitet eine Krähenscharbe auf einem Felsensprenkel im Fluss ihre Flügel zum Trocknen aus. Manchmal gebe es wegen der Stauseen Probleme mit dem Wasserzulauf, sagt Alberto. Der Wasserstand im Tejo kann niedrig, die Flussfärbung erstaunlich dunkel sein.

Das Kastell wirft sein Spiegelbild ins heute ruhige Uferwasser. Bereits von hier aus lässt sich erkennen, wie viele Opuntien zwischen den Inselfelsen wuchern. Vögel zwitschern. In seinem 1809 publizierten Buch *Letters from Portugal and Spain* schilderte Adam Neale seine Eindrücke, die nahezu

← Die zinnenbesetzte Burg von Almourol wird von den Wassern des Tejo umspült.

zeitlos geblieben sind: »In der Mitte des Tejo erhebt sich ein Granitfels, gekrönt von den Ruinen einer alten maurischen Burg, genannt Torre de Almourol. Diese Ruinen sind extrem malerisch und bilden ein schönes Ziel, so wie man es vom Hügel über dem Tejo sieht.« Zu Zeiten Neales existierte kein organisierter Bootsbring- und Abholdienst, doch das war bei der Entdeckung kein Hindernis: »Ich nahm die Gelegenheit eines kleinen Fischerboots wahr, dessen armer Besitzer mich herbeirief, als ich am Ufer entlangwanderte und mir anbot, mich auf der Insel abzusetzen. Ich fand sie besetzt mit Pappeln vor und die Ruinen überwuchert mit Indianischer Feige.«

Stille Ecken und Winkel

Heute ist die Überfahrt kurz, dauert kaum drei Minuten. Aus der Perspektive nah an der Wasserkante wirkt das Kastell umso erhabener und gebieterischer. Trauerweiden und meterhohes Röhricht säumen die Flussufer. Ein Stück entfernt setzen Stechginstersträucher gelbe Farbsprenkel. Alberto legt butterweich auf der länglichen Insel an. Der Fußweg führt über Wurzelwerk und vorbei an Opuntien, dann durch einen niedrigen Bogen in den Burghof. Die Anlage entsprach dem üblichen Muster der Militärarchitektur des Mittelalters: eine Doppelstruktur aus wuchtigen, zinnenbesetzten Mauern, dazu die äußeren Rundtürme und mittendrin das Herzstück, der klobige, am höchsten aufragende »Huldigungsturm«, Torre de Menagem. Einmal mehr muss erstaunen, wie es die Baumeister ihrer Zeit verstanden, eine Burg wie diese über mehrere Höhenstufen anzulegen und passgenau auf den Felsmassen zu platzieren. An diesem Eindruck haben die Restaurierungsarbeiten nichts verändert. Die »Ruinen«, so wie sie Adam Neale zu Beginn des 19. Jahrhunderts schilderte, sind in der Zwischenzeit hinlänglich auf Hochglanz poliert worden.

Der Burgstreifzug führt in stille Ecken und Winkel, über Wehrgänge, eine Treppe ohne Geländer, zu Ausgucken. Ein Granitbänkchen verschafft kurzzeitig Platz an einem Fenster. In der Tiefe strudelt der Fluss an eine Sandbank. Der Widerschein der Sonne im Wasser sticht in den Augen.

Das Castelo de Almourol hat seine kriegerische Vergangenheit längst abgestreift und strahlt Burgromantik aus. Und das nutzen gerade Sofia und Tiago. Ein Hochzeitspaar, das ein Eventfotograf in Posen und immer neuen Stellungen ablichtet. Sofia schleppt sich halbtot an ihrer Schleppe. Sechs Monate sind die beiden vermählt, jetzt steht das »Trash the dress«-Shooting an: das typische Brautkleid mit seiner Trägerin, dazu der Bräutigam, alles in gewollt untypischer Umgebung. Samt krampfig aufgesetztem Dauerlächeln vor dem Mauerwerk.

Das Kastell von Almourol hat im Lauf der Zeiten unterschiedlichste Menschen kommen und gehen sehen. Heute bringt sie Alberto alle hin und zurück. Montags hat er frei – aber nur in der Nebensaison.

↖ Immer nah an der Wasserkante – wer mag, kann den Tejo bei einer Paddeltour erkunden.
← Der Tejo – wo das Blau des Wassers mit dem Braungelb der Hügel und dem Grün der Vegetation verschmilzt
↗ Gebieterisch und fast unwirklich erhebt sich die Burg von Almourol auf einer Insel über dem Tejo.

INFO

BESUCHERINFORMATIONEN

Das Castelo de Almourol öffnet zu folgenden Zeiten, an die hinwiederum der Zubringer- und Abholdienst per Boot gekoppelt ist: März bis September täglich 9.30–13 und 14.30–18.30 Uhr, im Oktober Di–So 9.30–13 und 14.30–18.30 Uhr, November bis Januar Di–So 10–13 und 14.30–17 Uhr, im Februar Di–So 10–13 und 14.30–17.30 Uhr.

DORF TANCOS

Ein Stückchen flussabwärts von der Burg liegt das Dorf Tancos mit seiner Kirche und weißen, ziegelgedeckten Häusern. In Tancos kann man auch einkehren: im Restaurante Almourol. Obenan stehen Errungenschaften der regionalen Küche, auf der Speisekarte unter anderem Fischsuppe, Neunauge, Aal und Karpfen. Für die Übernachtung in Tancos empfiehlt sich die Quinta Ribeiro Tanquinhos.

Restaurante Almourol, Avenida e Cais de Tancos 2, Tel. +351/249 72 01 00, www.almourol.pt

Quinta Ribeiro Tanquinhos, Tel. +351/249 71 70 76, Facebook-Seite; Buchungen über www.booking.com

WEITERE INFOS

www.visitbarquinha.pt und www.centerofportugal.com

Das nächstgelegene Dorf von der Burg Almourol aus heißt Tancos und macht einen bescheidenen Eindruck.

22

GROTTEN BEI FÁTIMA

GRUTAS DA MOEDA

Das nennt man ein Kontrastprogramm zwischen Glaube und Natur, zwischen inbrünstigen Gebeten und fantasiereichen Gebilden: Wenige Kilometer und einige Entstehungszeitalter trennen den Heiligtumsbezirk des weltberühmten Wallfahrtsziels Fátima von den Grutas da Moeda, einem Komplex aus Tropfsteinhöhlen.

Im Jahr 1971, als zwei Jäger auf der Suche nach einem Fuchs per Zufall erstmals hineingelangten, war dieser Platz noch richtig wild und unerforscht. Heute erlauben Gänge und Treppen bequeme Besuche in den Grutas da Moeda. Doch die Faszination der unterirdischen Zauberwelten ist geblieben. Die Decken, unter denen man hergeht, sind teils recht niedrig. Jahresdurchgängig bewegt sich die Temperatur in der Grotte um 18 Grad Celsius. Die Luftfeuchtigkeit ist recht hoch, was Fotografen im Blick behalten sollten – denn das Objektiv kann beschlagen und muss geputzt werden. Und es kommt die Erkenntnis hinzu, dass es in einer Tropfsteinhöhle in der Tat erheblich tropfen und die Feuchte auch mal im Nacken landen kann …

Krokodil und Hochzeitstorte

Ist das nicht ein Krokodilkopf, der aus dem Wasser ragt? Gleicht das Schichtwerk dort hinten nicht einer mehrstöckigen Hochzeitstorte, von der man gleich kosten möchte? Öffnet sich da drüben nicht ein Bühnenvorhang mit kunstvollen Faltenwürfen? Sieht das nicht wie Blumenkohl aus? Blickfänge sind auch der »Saal der unvollendeten Kapellen« mit einer Vielzahl an Stalagmiten, die aus dem Boden emporwachsen, und der kristallklare »Tränensee«.

Die Gebilde in den Grutas da Moeda stimulieren die Vorstellungskräfte. Orange- und Grünstrahler leuchten die Welt der Tropfsteingebilde punktgenau aus. Die Führungen gehen bis zu 45 Meter tief unter die Erdkruste. Der Besuchsweg beschränkt sich auf etwa 350 Meter, hat es aber in sich.

Viele Münzen und ein Appetizer

Das kleine Wunderwerk der Natur wächst langsam, aber bedächtig weiter. »Ein Zentimeter in 100 Jahren«, klärt der Führer auf und bringt eine Legende zur Namensgebung ins Spiel. *Grutas da Moeda* bedeutet »Münzgrotten«. Überliefert ist, dass vor langer Zeit, als die Gegenden noch dicht bewaldet waren, ein reicher Mann von einer Horde Diebe attackiert wurde. Sie hatten es auf dessen Münzbeutel abgesehen. Bei dem Überfall stürzte der Mann mitsamt seinen Münzen in die Grotte.

In der Gegend ist es übrigens taktisch geschickter, zuerst die Grutas da Moeda zu besuchen und zu einem späteren Zeitpunkt die größeren Grutas de Mira de Aire. So steigert man sich von einer Grotte zur nächsten. Die Moeda-Höhle fungiert dahingehend als Appetizer.

← Die Tropfsteinformationen in den bei Fátima gelegenen Grutas da Moeda werden punktgenau ins rechte Licht gesetzt.
↓ Im Wallfahrtsbezirk von Fátima dreht sich für christliche Gläubige alles um die Marienverehrung.

INFO

HÖHLENBESUCH

Die Grutas da Moeda liegen westlich von Fátima; ab dort führt die Anfahrt über die Rotonda Norte. Der Höhlenkomplex hat täglich geöffnet: Mitte März bis Mitte Juli sowie Mitte September bis Mitte Oktober 9–18 Uhr, Mitte Juli bis Mitte September 9–19 Uhr, Mitte Oktober bis Mitte März 9–17 Uhr.
Largo das Grutas da Moeda, São Mamede,
www.grutasmoeda.com

ABSTECHER NACH FÁTIMA

Im Städtchen Fátima läuft alles auf den Heiligtumsbezirk zu, in dem es trubelig zugehen kann. Wichtigste Stationen sind die Erscheinungskapelle, die Basilika, die Kolonnaden und der moderne Gigant der Kirche der heiligen Dreifaltigkeit. Außerhalb des Heiligtumsbezirks säumen Olivenbäume, Blumenwiesen und Steineichen den Kreuzweg, der sich nahe dem Südkreisverkehr vom Straßenlärm löst und mitten hinein in die Natur auf den Kalvarienberg führt.
www.fatima.pt

DREI SEHERKINDER UND PILGERMILLIONEN

DAS WALLFAHRTSZIEL FÁTIMA

Was wirklich war, wird man nie mehr ergründen können. Erschien den drei Seherkindern Lúcia, Jacinta und Francisco im Jahr 1917 wirklich mehrfach die Gottesmutter? Die einzigen Zeugen waren sie selber. Fest steht, dass Fátima – der Ort der Marienerscheinungen – zu einem der weltweit bedeutsamsten Wallfahrtsziele aufstieg.

Man schreibt den 13. Mai des Jahres 1917. Heute haben sich die aus dem Dorf Aljustrel stammenden Hirtenkinder Lúcia, Jacinta und Francisco als Weidegründe für ihre Schafe einen seichten Talgrund ausgesucht. Cova da Iria, so heißt der Platz, heute das Herzstück des Wallfahrtsbezirks von Fátima. Die Kinder spielen. Gegen Mittag bemerken sie so etwas wie einen Blitz. Aus Furcht vor einem Gewitter treiben sie die Herde durch die Mulde, als sie, ganz in der Nähe einer großen Steineiche, über einem anderen Baum eine Dame erblicken, »ganz in Weiß gekleidet, strahlender als die Sonne«, so wird es Lúcia, die mit damals zehn Jahren Älteste der drei, später schildern. Ihren Erinnerungen zufolge beginnt die Fremde, ein Gespräch mit Lúcia zu führen: »›Woher kommen Sie?‹, fragte ich sie. ›Ich bin vom Himmel.‹ ›Und was wollen Sie von mir?‹ ›Ich bin gekommen, euch zu bitten, dass ihr in den folgenden sechs Monaten, jeweils am Dreizehnten zur selben Stunde, hierherkommt. Dann werde ich euch sagen, wer ich bin und was ich will.‹«

Als die Sonne tanzt

Zwischen Juni und Oktober ereignen sich fünf weitere Marienerscheinungen. Mittlerweile hat die Kunde davon die Runde gemacht und der Bezirksverwalter die Kinder kurzzeitig festnehmen lassen. Welche Geheimnisse verber-

← Am Platz Loca do Cabeço findet man die Erscheinung des Engels im Jahr 1917 auf diese Weise dargestellt.
↙ Die Kapelle in der sogenannten Erscheinungsmulde ist ein Magnet für die Gläubigen.
↓ Einfach mega – die Kirche der heiligen Dreifaltigkeit im Heiligtumsbezirk von Fátima

gen sie? Sind sie wirklich Mittler zwischen Himmel und Erde? Oder sind alles bloß Hirngespinste? Manche schenken ihnen keinen Glauben, andere schon.

Bei der letzten Erscheinung am 13. Oktober 1917 finden sich mehrere Zehntausend Menschen ein und erleben an jenem regnerischen Tag, wie plötzlich die Sonne über Fátima tanzt. Es ist der Tag des Sonnenwunders, an dem die Erscheinung erbittet, ihr zu Ehren eine Kapelle zu bauen, und sich zu erkennen gibt: »Ich bin Unsere Liebe Frau vom Rosenkranz.« Dies alles werden nur die Seherkinder gewahr und sonst niemand. So will es die Überlieferung.

INFO

MONUMENTALE ZUGABE

Als man die Basilika 1928 bis 1953 erbaute, war nicht vorhersehbar, dass sie alljährlich Millionen Pilger anziehen könnte und die Kapazitäten im Heiligtumsbezirk einmal knapp werden würden. Also entstand zu Beginn unseres Jahrtausends die Kirche der heiligen Dreifaltigkeit (Igreja da Santíssima Trindade) mit 8633 Sitzplätzen. Bewunderern moderner Sakralarchitektur mag das Herz aufgehen. Viele Gläubige finden das riesige, fensterlose Bauwerk dagegen kalt, unnahbar.

NATUR UND GLAUBE …

… verzahnen sich abseits des Heiligtumsbezirks in einem Waldstück. Ein Weg führt zu einem Platz, den man Loca do Cabeço nennt. Dort soll den Seherkindern von Fátima im Frühjahr 1916 erstmals ein Engel erschienen sein. Eine kleine, leuchtweiße Skulpturengruppe zeigt die Stelle an. Es ist still, die Luft ist frisch. Die Wechselspiele von Sonnenlicht und Schatten lassen die Szenerie umso geheimnisvoller wirken.

Der Heiligtumsbezirk

Exakt an jener Stelle in der Erscheinungsmulde, an der einst eine kleine Steineiche stand, über der Maria den Kindern erschien, wurde 1919 eine erste Kapelle erbaut. Die Erscheinungskapelle, die auf Portugiesisch Capelinha das Aparições heißt, wird heute weiträumig von einer Großstruktur ummantelt. Die Seiten sind verglast, die Hauptfront öffnet sich zum riesigen Freiplatz hin und erlaubt ein ständiges Kommen und Gehen. Gewaltiger steigt im Heiligtumsbezirk der 65 Meter hohe Turm der Basilika auf, in deren Innern die Seherkinder begraben liegen.

23

PEGADAS DE DINOSSÁURIOS

DIE SPUREN DER DINOS

Einst fühlten sich die Dinosaurier in Zentralportugal wohl. Die Kolosse stapften durch matschiges Gelände, das später von anderen Erdschichten überlagert wurde. So konnten die Spuren der Dinos geschützt versteinern. Beim Örtchen Bairro liegt das Naturdenkmal der versteinerten Dinosaurierspuren: Pegadas de Dinossáurios.

Es sind wundersame Abdrücke, die kreuz und quer über die Felsplatten des einstigen Steinbruchkessels Galinha verlaufen: versteinerte Spuren von Dinosauriern. Manche sind einen halben Meter lang und nicht einmal tief im Gestein versunken, vielleicht fünf Zentimeter. Aus der Ferne kann man noch nichts erkennen. Die Spannung steigt, je näher man kommt.

Das Areal heißt Pegadas de Dinossáurios und ist zum Naturdenkmal der versteinerten Dinosaurierspuren erklärt worden. Es wurde Ende der 1990er-Jahre für die Öffentlichkeit freigegeben und liegt in der seichten Hügelwelt der Serra de Aire am Rand des Örtchens Bairro, etwa zehn Kilometer südöstlich des Wallfahrtsziels Fátima. Im Dorf geht das Leben seinen gewohnten Gang. Alte Männer bestellen die Erde. Gärten kommen ohne Umzäunung aus. Es herrscht eine unverfälschte, freundliche Landstimmung.

175 Millionen Jahre

Etwas abseits ist das Dino-Ziel nicht nur für Spezialisten, Familien mit Kindern oder Filmfans von *Jurassic Park* und *Jurassic World* spannend. Es dürfte 175 Millionen Jahre her sein, dass die urzeitlichen Riesen hier über sumpfigen Grund liefen, in dem sich die Spuren mit der Zeit erhärteten und von anderen Materialien und Schichten überlagert wurden. Als der Mensch mit Baggern und Presslufthämmern anrückte, um der Natur einen Steinbruch abzuringen, gelangten die Spuren durch die Arbeiten zurück ans Licht.

Über das Gelände verteilen sich etwa 20 Spuren oder Trails. Der Rundgang ist deutlich ausgewiesen und unterwegs auf den schräg abfallenden Felsplatten mit Seilen markiert. Zum Schutz der Abdrücke kommt man nicht direkt dran.

Den Blick für die Abdrücke muss man erst schärfen. Das Gestein ist von Rissen, Spalten und Löchern durchsetzt. Erst wenn man die Spuren von anderen Vertiefungen im Fels zu unterscheiden gelernt hat, strahlen sie ihre wahre, stille Faszination aus. Zumeist erkennt man einen kleineren und einen größeren Abdruck beieinander, abhängig von der Fortbewegung auf den Vorder- und Hinterbeinen. Nach einem Regenguss können winzige Pfützen in den Dino-Vertiefungen stehen.

Mit etwas Fantasie kann man sich vorstellen, wie es gewesen sein mag, als die tonnenschweren Drachenechsen hier umherstapften. Da kann man sein Kopfkino anwerfen.

← Die Dinosaurier, die vor Jahrmillionen beim späteren Ort Bairro ihre Spuren hinterließen, waren echte Schwergewichte.
↓ Eine kulturelle Ergänzung in der Gegend ist die einstige Burg der Christusritter hoch über Tomar.

INFO

BESUCHERINFORMATIONEN

Die Rundgänge sind in Eigenregie möglich. Das Areal der Pegadas de Dinossáurios öffnet gewöhnlich von Anfang März bis etwa 20. September Di–So 10–12.30 und 14–20 Uhr, während des übrigen Jahres abends lediglich bis 18 Uhr.
www.pegadasdedinossaurios.org

ABSTECHER ZUR CHRISTUSRITTERBURG

Etwa 20 Kilometer nordöstlich der Pegadas de Dinossáurios liegt eines der beeindruckendsten Kulturziele Portugals hoch über dem Städtchen Tomar: die Christusritterburg (Convento de Cristo). Hinter den hohen, zinnenbesetzten Mauern spürt man dem Mittelalter in versteckten Winkeln nach. Die Christusritterburg öffnet täglich: Juni bis September 9–18.30 Uhr, Oktober bis Mai 9–17.30 Uhr.
www.conventocristo.gov.pt

24

IN DER UNTERWELT

GROTTEN MIRA DE AIRE

Die Grutas Mira de Aire stehen an der Spitze der beeindruckendsten Tropfsteinhöhlen in Portugal. Besuche werden mit Licht- und plätschernden Wassereffekten verstärkt. Die Ortsansässigen kamen der Unterwelt Mitte des 20. Jahrhunderts auf die Spur, als sie Wasserdampf aus einer Felsspalte aufsteigen sahen.

Willkommen zu einem Spaziergang durchs Erdinnere! Für Höhlenfans sind die Grotten Mira de Aire ganz großes Kino. So ist es kein Zufall, dass hier schon Videoclips und eine französische Fernsehserie um den Grafen von Monte Christo gedreht worden sind. Es ist eine Melange aus Natur- und Kunstwelt.

Wie ein Gigantenschlund

Dieser »Wild Place« kommt künstlich angereichert daher: mit 3000 Lampen, plätschernden Wassereffekten und der Auffahrt im Aufzug am Ende. Bis dahin ist man 110 Meter tief hinabgestiegen, vorbei an Galerien, Zaubervorhängen und speerspitzengleichen Stalaktiten. Einen fast schwindelerregenden Anblick bietet die Totale des Hauptsaals, der sich kurz hinter dem Eingang wie ein Gigantenschlund öffnet. Der Mix aus blauen, grünen, gelben, roten und orangefarbenen Lichtern gibt der Tropfsteinszenerie eine spezielle Aura. Der Saal dürfte etwa 35, 40 Meter hoch sein. Hier wurden Reste von einem Hirsch und einem Luchs gefunden. Hinunter zieht sich eine eingeschlagene Treppe, der einst kleine Teile der Höhle zum Opfer fielen.

Es geht immer tiefer hinein in die Unterwelt, darunter durch einen Zwischensaal mit dem bezeichnenden Namen »Der Juwelierladen«. Da glänzt und funkelt es. Eine Formation wirkt wie eine riesige Qualle, aus der das Wasser abläuft. Dann glaubt man, in offene Münder zu sehen, vor zusammengezogenen Vorhängen oder Barten eines Walfischs zu stehen. Die Fantasie spielt Streiche. Immer wieder wechseln Motive und Perspektiven. Man giert richtig nach der nächsten Entdeckung, kann sich dem Sog der Faszination nicht entziehen. Der Vollständigkeit halber sei erwähnt, dass man bei manchen »Special Effects« mit Brunnen ein wenig zu dick aufgetragen hat. Die musikalischen Klänge vom Band darf man ebenfalls als unpassend werten.

Dörfler entdeckten die Höhlen, die sich vor etwa 150 Millionen Jahren formten, im Jahr 1947. Aus einer Felsspalte sahen sie verräterisch Wasserdampf aufsteigen. Erst da drang ins Bewusstsein, dass die Häuser ihres Heimatortes über dem Grottensystem erbaut worden waren. Zum Glück war und ist der Komplex stabil.

Die ersten Wagemutigen seilten sich ab. Bis heute haben Wissenschaftler elf Kilometer Gangsysteme entdeckt; bei den Führungen nehmen Besucher nur einen kleinen Abschnitt in Angriff.

INFO

BESUCHERINFORMATIONEN

Der Zugang zu den Grutas Mira de Aire befindet sich im Ort Mira de Aire. Die Grotten haben täglich geöffnet: Juni bis August 9.30–18.30 Uhr, April, Mai und September 9.30–18 Uhr, Oktober bis März 9.30–17 Uhr. Für den kompletten Besuch inklusive Einführung sollte man etwa eine Stunde veranschlagen; es sind keine Vorab-Reservierungen notwendig. Die Temperatur im Innern beträgt jahresdurchgängig 18 Grad Celsius, die Luftfeuchtigkeit 90 Prozent.
www.grutasmiradaire.com

WEITERE HÖHLEN

Im Naturpark Serra de Aire e Candeeiros gibt es weitere Tropfsteinhöhlen zu entdecken: die Grutas de Alvados und die Grutas de Santo António. Die Höhlen öffnen im Juli und August täglich 10–18.30 Uhr, September bis Juni Di–So 10–17 Uhr.
www.grutasalvados.com

← Die Farblichtspiele in den Grutas Mira de Aire mag man für dick aufgetragen halten; beeindruckend sind sie trotzdem.
↑ Willkommen in den Grutas Mira de Aire, einer der spektakulärsten Tropfsteinhöhlen in Portugal.

25

PARQUE NATURAL DA SERRA DE SÃO MAMEDE

NATURPARK MIT DÖRFERN

In den nördlichsten Ausläufern des Alentejo breitet sich der Parque Natural da Serra de São Mamede über 56 061 Hektar aus. Charakteristisch für den entlegenen Naturpark, der an die Grenze zum Landesnachbarn Spanien stößt, sind Korkeichenwälder und pittoreske Bergdörfer wie Castelo de Vide und Marvão.

Der Parque Natural da Serra de São Mamede ist nichts für jedermann, denn er liegt weit weg von allem in der Grenzregion zu Spanien. Die nächstgrößeren Städte sind Castelo Branco im Norden und Évora weit im Südwesten. So ist ein Anreiz die Abgeschiedenheit, um Dörfer, Kork-, Eichen-, Kastanien- und Steineichenwälder in aller Ruhe zu entdecken. Ein eigener fahrbarer Untersatz ist unverzichtbar.

Maximalhöhe von 1025 Metern

Der Naturpark bedeckt eine Fläche von 56 061 Hektar, erreicht mit 1025 Metern seine maximale Höhe und schließt die benachbarte Serra de Marvão ein. Das Gebirge, so formuliert es das Fremdenverkehrsamt treffend, funktioniert als natürliche »Kondensationsbarriere« und hat ein feuchtes Mikroklima entstehen lassen, in dem größere Niederschlagsmengen als in den umliegenden Gebieten zu verzeichnen sind, sodass sich ein dichtes, artenreiches Pflanzenkleid herausbilden konnte. Die Gebiete sind Lebensräume von Schwarz- und Rotwild, von Gänsegeiern und Hühnerweihen. Das Symboltier des Parks ist der Habichtsadler, der zu den mittelgroßen Adlern gehört und im Schnitt eine Flügelspannweite von anderthalb Metern erreicht.

Echte Dorfperlen

Wer von Südwesten her aus Évora in Richtung São Mamede anreist, sollte sich diese Stopps vormerken: Evoramonte (Burgruinen), Estremoz (Hochplateau mit Pousada-Hotel und Burgturm) sowie Portalegre (Kastell, Teppichmuseum und die Praça da República mit Freiluftcafés). Echte Dorfperlen im Naturpark sind Castelo de Vide und Marvão. Eingefasst in ein weitläufiges Olivenanbaugebiet, ist Castelo de Vide ein Schichtwerk aus weißen, ziegelgedeckten Häusern, die bis zur Burganlage aufsteigen. Über die Umgebung verteilen sich Megalithbauten, darunter zahlreiche Dolmen, die eine lange Besiedlungsgeschichte von Portugals Vorvätern und -müttern belegen. Besonders beeindruckend ist der etwa zehn Kilometer nördlich von Castelo de Vide gelegene Menir de Meada, der mit einem Gewicht von schätzungsweise 20 Tonnen und einer Höhe von siebeneinhalb Metern als größter Hünenstein auf der Iberischen Halbinsel gilt.

Südöstlich von Castelo de Vide geht es hoch hinauf in den Ort Marvão, der mit seiner Burg bereits aus weiter Ferne auszumachen ist. In unverbrauchter Höhenluft ist das Kastell ein Aussichtsthron ins wilde Umland.

← Ausblick in die Weite von der Burg und Stadtmauer des Örtchens Marvão aus, übrigens ein Highlight in der Serra de São Mamede
↓ Ein Abstecher führt zum Menir de Meada, einem Giganten unter den Hünensteinen.

INFO

WANDERMÖGLICHKEITEN
Der Naturpark Serra de São Mamede bietet diverse Wandermöglichkeiten. Dazu findet man gute Tipps und Beschreibungen auf Portugals offizieller Naturparkwebsite www.natural.pt. Empfohlen werden folgende Wanderwege: PR1 CVD (9,2 Kilometer, ab Castelo de Vide), PR1 MRV (8,2 Kilometer, ab Portagem) und PR1 PTG (10 Kilometer, ab Besteiros). Der 9,4 Kilometer lange PR CVD-MRV verbindet Castelo de Vide mit Marvão.

ÜBERNACHTEN
Ein Dach über dem Kopf bieten in Castelo de Vide das Hotel Sol e Serra und die Casa Amarela.
Sol e Serra: Avinguda da Europa 1, Tel. +351/245 90 00 00, www.baratahotels.com
Casa Amarela: Praça de Dom Pedro V, Tel. +351/245 90 58 78, www.casaamarelath.com
Buchungen mit der Möglichkeit einer kostenlosen Stornierung: www.booking.com

26

QUINTA DAS LÁGRIMAS

OASE IN COIMBRA

Die schönste Oase von Coimbra liegt am Südwestrand der Universitätsstadt. Dort durchstreift man den Park Quinta das Lágrimas, was »Landgut der Tränen« bedeutet. Der Name weist auf eine tragische Lovestory aus dem Spätmittelalter, der man heute noch nachspürt, darunter an der »Liebesquelle« und der »Tränenquelle«.

Eigentlich ist er mit einer Größe von zwölf Hektar recht klein, steckt aber voller Abwechslung: der Park Quinta das Lágrimas, der sich auf einem Wegenetz entdecken lässt und in versteckte Winkel verzweigt. In Nachbarschaft liegt das luxuriöse Hotel Quinta das Lágrimas.

Über die sorgsam gepflegte Anlage verteilt sich eine Vielfalt an Pflanzen, darunter Zedern, Kamelien, Magnolien, Sicheltannen, Araukarien, Kampferbäume. Hier kann man abseits städtischer Auswüchse wunderbar durchatmen. Bekannt ist der Park jedoch für eine tragische Liebesgeschichte aus dem Spätmittelalter, die auf einer Melange aus Realgeschichte und einer Anreicherung durch Legendenstoff fußt.

Protagonisten der Lovestory waren der portugiesische Thronfolger Pedro und Inês de Castro, die einem Adelsgeschlecht aus Nordwestspanien entstammte. Das war nicht im Sinne des Königs. Heimlich trafen sich die Liebenden in den romantischen Gartenanlagen eines Landguts, das man später Quinta das Lágrimas, »Landgut der Tränen«, nannte.

Pedros Vater Afonso IV. kam den beiden auf die Schliche. Inês war ihm ein Dorn im Auge. Er ließ sie durch ein mehrköpfiges Killerkommando ins Jenseits befördern. Pedro selbst fand ihren Leichnam samt abgetrenntem Kopf auf dem Landgut, als er von einem Jagdausflug zurückkehrte, so wird berichtet. Nach dem Tod Afonsos und der Machtübernahme Pedros als neuer König Portugals ordnete er die Verfolgung der Handlanger an. Zwei von ihnen bekam er zu fassen und ließ ihnen bei lebendigem Leib die Herzen herausreißen, eines durch die Brust, das andere durch den Rücken.

Friedlich plätscherndes Wasser

Es ist nicht schwer, den Spuren des Liebespaars zu folgen. Wegweiser führen zur sogenannten »Liebesquelle«, der Fonte dos Amores, und zur »Tränenquelle«, der Fonte das Lágrimas. Letztgenannte, so will es die Überlieferung, entstand aus den Tränenflüssen der Inês. Und das Steinbett der eingefassten Quelle bewahrt ihr Blut, so sagt man. Heute plätschern die Wasser friedlich dahin.

»Der Geist der Inês wandert noch immer auf dem Landgut umher auf der ewigen Suche nach Pedro«, gibt eine Inspiration mit auf den Weg und setzt hinzu: »Wenn Sie Glück haben, könnten Sie sie treffen.« Ob das wirklich ein Glück wäre, sei dahingestellt. Man würde sich wohl eher zu Tode erschrecken … Besser, man genießt unbeschwert die Natur.

← Im Park Quinta das Lágrimas wurzelt nicht nur ein tragischer Legendenstoff, sondern auch solch ein Baumriese.
↓ Hier nähert man sich im Park Quinta das Lágrimas der sogenannten »Liebesquelle«.

INFO

BESUCHERINFORMATIONEN
Der Besuch der Gärten von Quinta das Lágrimas (Jardins da Quinta das Lágrimas) ist zu folgenden Zeiten möglich: Mitte März bis Mitte Oktober Di–So 10–19 Uhr, Mitte Oktober bis Mitte März Di–So 10–17 Uhr. Der Zugang liegt in der Rua José Vilarinho Raposo.
www.fundacaoinesdecastro.com

FEUDALE UNTERKUNFT
Eine feudale Unterkunft bietet das benachbarte Fünfsternehotel Quinta das Lagrimas. Zu den Annehmlichkeiten zählen die kreative Küche im Restaurant und der Bamboo Garden Spa, der mit einem Hallenbad, einer Sauna und einem Dampfbad ausgestattet ist.
Rua António Augusto Gonçalves,
Tel. +351/239 80 23 80, www.quintadaslagrimas.pt

27

CABO CARVOEIRO

KAP MIT RABENSCHIFF

Nah dran am Städtchen Peniche und doch weit weg: mit Felsformationen, Seevögeln, einem Leuchtturm. All das drückt den westlichsten Ausläufern der Halbinsel von Peniche den Stempel auf. Hier, um das Kap Carvoeiro, kann man sich wunderbar den Seewind um die Nase wehen lassen und Gebilde wie das »Rabenschiff« bewundern.

Bei solchen Kulissen zieht man gerne den Vergleich zu Künstlern. Es ist, als hätte sich um das Cabo Carvoeiro ein Aufgebot an Bildhauern ausgetobt, um fantastische Felsformationen an Land und im Meer herauszuschlagen. Flossen. Spitzen. Wülste. Installationen aus geometrischen Blocks. Übereinandergeschichtete Pfannkuchen.

Wildnis aus Klippen und Ozean

Hier, um den westlichsten Punkt der Halbinsel von Peniche, geht es wild und unverfälscht zu. Die Halbinsel wird von Norden, Westen und Süden her komplett vom Meer umschlossen. Das Städtchen Peniche selber liegt nicht weit entfernt, doch hier fühlt man sich herrlich entrückt in eine Wildnis aus Klippen und Ozean.

Winde und Wellen peitschen die schroffe Küste, über der sich ein Leuchtturm erhebt. Dieser nahm im Jahr 1790 seinen Betrieb auf und gilt damit laut der Nationalen Marinebehörde als einer der ältesten in Portugal. Das Licht des Leuchtturms strahlt 15 Seemeilen weit aus und verhindert, dass – wie in früheren Zeiten geschehen – Schiffe an den messerscharfen Klippen zerschellen.

Die wahren Blickfänge um das Kap Carvoeiro sind jedoch die Felsgebilde, angeführt von der Formation des »Rabenschiffes« *(nau dos corvos)*. Es ragt wie ein windschiefer, klobiger Turm empor, lässt jedoch ebenso an einen halb versunkenen Ozeanriesen denken.

Im Reich der Seevögel

Ein Stück nördlich an der Küstenstraße, nahe dem kleinen Santuário de Nossa Senhora dos Remédios, einem Marienheiligtum aus dem 17. Jahrhundert, bieten sich weitere Ausblicke auf die Felsplattenlandschaften. Laut Legende soll im Mittelalter an selber Stelle ein Marienbildnis in einer Höhle aufgefunden worden sein.

Oft hängt das Gekreisch von Möwen in der Luft, die nicht die einzigen Seevögel um die Kaplandschaft sind und im Meer einen üppig gedeckten Tisch vorfinden. Es ist auch das Reich von Kormoranen und den ähnlich aussehenden Krähenscharben, von Sepiasturmtauchern, Steinwälzern, Wanderfalken. Etwa so groß wie eine Gans wird der Basstölpel, den man an seinem gelblichen Kopf und dem kräftigen, konischen Schnabel erkennt.

INFO

PENICHE – STÄDTCHEN MIT VIELEN GESICHTERN

Das etwa 16 000 Einwohner zählende Peniche ist ein Küstenstädtchen mit vielen Gesichtern. Da gibt es den lebhaften Fischer- und Sporthafen, die Festung aus dem 16./17. Jahrhundert und verschiedene Strände. Beliebt im Ostteil sind die Praia de Peniche de Cima, die Praia da Cova da Alfarroba und die Praia Baleal. Südlich der Halbinsel liegt die Praia Supertubos. Auf kunsthandwerklichem Gebiet ist Peniche für Klöppelspitzen *(rendas de bilros)* bekannt, was durch die traditionelle Arbeitsteilung zustande kam. Die Männer waren auf dem Meer, die Frauen daheim – und verbesserten nach und nach ihre Fingerfertigkeiten.

WEITERE INFOS

Auskünfte erhält man in Peniche im Fremdenverkehrsamt (Posto de Turismo).
Rua Alexandre Herculano, www.cm-peniche.pt

← Wellen umspülen das Cabo Carvoeiro und die Formation des »Rabenschiffes«, im Hintergrund zeichnet sich der Berlengas-Archipel ab.
↑ In Peniche setzen sich bis heute die Fischertraditionen fort. Dazu gehört auch die Netzflickerei.

Die raue Küstenlandschaft um das Cabo Carvoeiro zieht einfach in den Bann – der Atlantik spielt seine nicht enden wollende Melodie.

28

RESERVA NATURAL DAS BERLENGAS

INSEL BERLENGA

Die Insel Berlenga (auch: Berlenga Grande) gehört zur Reserva Natural das Berlengas, einem Naturschutzgebiet etwa zehn Kilometer vor der Küste von Peniche. Dort sind zahlreiche Seevögel heimisch. In den wärmeren Monaten starten regelmäßig Bootsverbindungen ab Peniche. Im kleinen Berlengas-Archipel ist nur Berlenga für Besucher betretbar.

Wie magisch zieht der Archipel Berlengas an, ein Naturschutzgebiet und Dorado für Seevögel. Wer die Inselwelt erkunden will, muss in gewissem Maße seefest sein. Hinüber geht's nur im Boot. Startpunkt ist die Marina von Peniche, die Überfahrt bis zur Hauptinsel Berlenga etwa zehn Kilometer lang. Eine Einstimmung auf den Archipel liest man bei Felix Fürst von Lichnowsky in seinem Reisebuch *Portugal. Erinnerungen aus dem Jahre 1842*: »Die Gruppe der Berlengas besteht aus der Hauptinsel Berlenga und vielen kleinen Felsenspitzen, die sie umgeben. Erstere ist von mäßiger Höhe und geringem Umfange, mit flacher Kuppe. Eine Kluft spaltet den Fels senkrecht der ganzen Länge nach in zwei isolierte Teile, die Carreiro-dos-Caçoes und Carreiro-do-Mosteiro heißen. Die Ufer sind steil. Südwestlich von Mosteiro krönt ein Kastell einen hohen Fels, der durch eine schmale Brücke mit der Berlenga verbunden ist; ein enger Fußsteig führt auf die Spitze, deren westlichster höchster Gipfel einen *farillon* oder kleinen Leuchtturm trägt, der den Seefahrern bei Nacht diese seltsamen Gruppen und ihre Riffe bezeichnet, die spitzen Zähnen gleich aus dem Meere hervorragen.«

Ausfahrt aus dem Hafen von Peniche. Die Signaltürme verschwimmen im Rücken. Der Kapitän schlägt Kurs Nordwest ein und kennt die Route wie ein alter Seebär. Noch ist Berlenga vom heutigen Morgennebel über dem Atlantik verschluckt. Dann taucht die Insel aus dem Dunst auf, ein breit gezogener Buckel mit einer Art Bresche dazwischen und noch so, wie von Lichnowsky im 19. Jahrhundert skizziert. Neben der Insel geraten mehrere Felsensprenkel in Sicht.

Kreischkonzert als Empfang

Der Landeplatz liegt an der Südostseite in einem tiefen, schmalen Buchteinschnitt. Auffällig sind die Brauntöne der Felsen mit einem lichten Grünüberzug. Möwen geben zum Empfang ein gigantisches Kreischkonzert. Was sich hier durch die Luft bewegt, erlebt man in diesen Massen selten. Dennoch ist die Insel nicht frei von Menschen und deren Spuren. An der Küste liegen die Reste einer Festung, ganz oben thront der Leuchtturm. Oberhalb des Buchteinschnitts wirken einige Häuser stilfremd und deplatziert. Die Schuppen der Fischer, in denen sie ihr Material lagern, fügen sich besser in die Szenerie. Aufwärts vorbei führt ein betonierter Weg. Mittagsblumen leuchten. Das Wasser in der Bucht glitzert türkisfarben in der Tiefe. An klaren Tagen schaut man bis Peniche.

→ Ein Pfad ebnet auf Berlenga Grande den Zugang zur Festung, Forte de São João Baptista.

← Die Küstentöne auf Berlenga Grande variieren zwischen Rosa- und Brauntönen.
↙ Ohne Boot nichts los – nur so gelangt man zur Insel und wieder zurück ans Festland.
↘ Sieht malerisch aus, ist aber für Unbefugte auf Berlenga Grande nicht betretbar: der in den Höhenzonen gelegene Leuchtturm

Ein Seevögelparadies

Die Vielzahl der Möwen, die hoch über die Köpfe fliegen oder nah am Wegrand auf dem Boden kauern, erinnern an Alfred Hitchcocks Filmklassiker *Die Vögel*. Man fühlt sich überall beäugt, dutzend-, hundert-, tausendfach. Attacken stehen nur zu befürchten, wenn die Möwen ihren Nachwuchs aufziehen. Derzeit herrscht keine Alarmstufe. Dennoch bleibt die Skepsis. Sie schauen ganz schön grimmig drein.

Der Berlengas-Archipel ist ein Seevogelparadies. Die Liste der sieben Arten, die hier brüten, weist die Steppenmöwe *(Larus cachinnans)* aus, die Heringsmöwe *(Larus fuscus)*, die Dreizehenmöwe *(Rissa tridactyla)*, den Gelbschnabel-Sturmtaucher *(Calonectris diomedea)*, die Trottellumme *(Uria aalge)*, den zu den Sturmschwalben zählenden Madeirawellenläufer *(Oceanodroma castro)* sowie die zur Familie der Kormorane gehörige Krähenscharbe *(Phalacrocorax aristotelis)*. Ganz abgesehen davon, dass sich unter Wasser Spezies wie Sardinen, Makrelen, Meerbrassen, Doraden und der in seinen Beständen bedrohte Braune Zackenbarsch tummeln. Die Spezies der Taucher geht der Meeresfauna gern auf den Grund.

Traumpfad zur Festung

Oberirdisch steigt der Trail weiter bergan. Knapp 90 Meter misst der höchste Punkt auf der schroffen Hauptinsel. Bäume gibt es nicht. Das Höchstkonzentrat an Vögeln bleibt Wegbegleiter. Das Terrain um den Leuchtturm ist nicht betretbar.

Der Pfad über die Höhe führt allmählich hinab zum Forte de São João Baptista und nimmt den Charakter eines Traumpfads an, teils begrenzt durch Seilabsperrungen. In der Ferne hängt Friedensstimmung über der See. Auf dem Boden ziehen sich kleine Flechten über die Steine. Über Treppen geht es an einem Felsüberhang vorbei, auf dem Schlussstück nimmt der Steilgrad zu. Agaven wuchern an den Abstieg heran. Über eine schmale Steinbogenbrücke ist das klobige Fort São João Baptista mit der Hauptinsel verbunden. Es datiert aus dem 17. Jahrhundert und schiebt sich weit voraus in den Ozean. Beidseits des Festungszugangs geht es ungeschützt abwärts.

Glasklare, tückische Gewässer

Das Wasser ist glasklar. Der untere Teil Berlengas – das ist nur von hier aus zu sehen – ist von rostrot gefärbten Felsgrotten durchsetzt. Ein vorgelagerter Fels buckelt sich in Form eines Walfisches auf. Die Abstürze der Insel sind weiß mit Möwen punktiert. Bei Ebbe schauen Felsnasen aus dem Wasser, die bei Flut untergehen. Tückische Fallen, die bereits in lang verflossenen Zeiten unter Seeleuten berüchtigt waren. Dazu schrieb Lichnowsky 1842: »Die Berlengas gelten für die gefährlichsten Felsen der europäischen Gewässer, und es sollen ihresgleichen nur in den Antillen und den Meeren des australischen Archipels sein.«

INFO

BESUCHERINFORMATIONEN
Für Berlenga greift eine Besucherbeschränkung. Es dürfen sich nur maximal 350 Personen gleichzeitig auf der Insel aufhalten. Vorab muss man eine kostenpflichtige Onlineregistrierung unter www.berlengaspass.icnf.pt vornehmen.

BOOTE AB PENICHE
Zwischen Mitte Mai und Ende September unterhält die Gesellschaft Viamar regelmäßige Bootsverbindungen zwischen Peniche und Berlenga. Je nach Monat und Wochentag fährt das Boot nur einmal täglich um 11 Uhr hin und um 17 Uhr zurück. Das Maximum sind zwei Überfahrten, gewöhnlich um 10 und 12 Uhr hin und um 16 und 18 Uhr zurück. Tel. +351/911 00 10 99 oder +351/262 78 56 46, www.viamar-berlenga.com

ÜBERNACHTUNG & ESSEN
Während der Saison ist es möglich, auf Berlenga bei Berlenga Bed & Breakfast zu übernachten. Unter derselben Leitung steht das Restaurant Mesa da Ilha. Es gibt lediglich sechs Zimmer (jeweils eingerichtet mit eigenem Bad), weshalb man rechtzeitig reservieren sollte. Tel. +351/969 39 57 63, www.restaurante berlenga.pt und Facebook-Seite

Sagenhaft auf Berlenga Grande ist die Vielzahl der Seevögel, vor allem Möwen.

29

SERRA DA ESTRELA

DAS »STERNGEBIRGE«

Da greift man gewissermaßen nach den Sternen, atmet unverbrauchte Luft, entdeckt malerische Dörfer, bricht zu Wanderungen auf, fühlt sich tief im Einklang mit der Natur: Die Serra da Estrela, das »Sterngebirge«, ist eine Welt für sich und steigt 1993 Meter hoch auf. Damit treibt es das kontinentale Portugal auf die Spitze.

Einsame Wanderwege. Kristallklare Bäche. Wasserfälle. Traditionelles Schäferterrain. Dörfer wie aus der Zeit gefallen. Die Serra da Estrela, das »Sterngebirge«, besteht aus sechs Gemeinden und ist ein eigener Kosmos. Auch die Umgebung kommt mit ins Spiel. Als Einstiegspunkt ins Hochgebirge eignet sich das Städtchen Manteigas, gelegen im Flusstal des Zêzere.

Wilde Entrücktheit

Die gesamte Bergwelt der Serra da Estrela steht als Naturpark unter Schutz und wird gerne als »Hotspot der Biodiversität« gerühmt. Der Gipfelbereich des Torre steigt als maximale Erhebung 1993 Meter auf, die Gebiete sind wasserreich. »Innerhalb kürzester Zeit siehst du verschiedenste Landschaften, mal ein altes Gletschertal mit Granit, dann ein Flusstal mit Schiefer«, berauscht sich Wanderguide Tiago Manuel Fernandes Correia an der wilden Entrücktheit. Plateaus und dichte Wälder fügen sich in die Bilderfolgen, Bäche, Wasserfälle, ausgesprenkelte Orte. In den Höhenlagen breitet sich ein See im Rossim-Tal aus, sprudelt die Quelle des Flusses Mondego, der seine 227 Kilometer lange Reise zum Atlantik antritt. Felsbrocken wirken wie von Zyklopenhand ausgeschleudert. Ginster und Fingerhüte setzen Farbtupfer in Gelb und Violett. Ebenso unübersehbar sind die Folgen von Wald- und Buschbränden. Über die Bergniederungen verteilen sich Orte wie Valezim mit unaufgeregter Aura und sehenswerten Sakralbauten. In Seia überrascht das Innere der Kirche Misericórdia mit dem filigran skulptierten Ensemble einer Grablegung Christi.

Unausgetretene Pfade

Leitmotivisch gibt die Natur den Ton an, die Pfade sind unausgetreten. So wie auf dem sechs Kilometer langen Rundwandertrail »Rota das Canadas« ab dem Dorf Alvoco da Serra, dessen Einwohnerzahl um die hundert liegt. Alvoco da Serra würfelt sich mit ziegelgedeckten Häuschen und steilen Gassen am Südfuß der Serra da Estrela zusammen.

Unterwegs riecht es nach Kiefern, Wacholder, Eukalyptus. Schmetterlinge tanzen. Gräser streichen an den Beinen entlang. Der Blick für Details schärft sich an kantigen Felsen, über die Eidechsen flitzen. Ein Bachlauf spielt seine Melodie in der Einsamkeit. Ziegen zeichnen sich vor rauen Bergkulissen ab, für Wanderer gibt es nichts zu meckern: Das hier ist ein verstecktes, gänzlich anderes Stück Portugal, das fern von Städten und Emissionen wie magisch hineinzieht. Das altangestammte Hirtenterrain bezeugen Bruchstein-

← Dieser Wasserfall in der Serra da Estrela speist einen See, den Poço do Inferno.

häuschen, die als Tierunterstände und Lager dienen. Ein Baumstammgerippe steigt wie ein Schiffsbug auf, während das, was als Zivilisation bekannt ist, gegen Ende der Wanderung ein Rätsel bereithält: Warum liegt aus heiterem Himmel eine leuchtweiße Christusfigur am Wegrand auf einem Rostkarren?

Reine, heilsame Luft

Magenfest sein! So lautet das oberste Credo für jene, die auf den Sträßchen durch das Gebirge kurven. Die Luft schmeckt rein, heilsam. Massenbetrieb ist unbekannt in der Serra da Estrela. Der Tourismus fristet ein bescheidenes Dasein.

Geschluckt von der Einsamkeit fühlt man sich auf einem weiteren Rundwanderpfad, der Rota da Caniça. Start ist in der Ortsmitte von Lapa dos Dinheiros auf der Höhe der Kirche; sonntagmorgens hallen inbrünstige Gesänge hinaus. Danach greift die Stille als Wegbegleiter um sich. Der dreistündige Trail führt durch Farn- und Edelkastanienwälder. In einem Zauberforst tragen Stämme massige Überzüge aus Moos und Flechten. Lichtspeere stechen durch Blätterdächer. Rotgelbe Wanderzeichen sind auf Felsplatten aufgekleckst. Ein »Flussstrand«, Praia Fluvial, lädt zur wärmeren Jahreszeit zum Bad in einem glasklaren Becken ein. Weiter bergauf gluckst ein kleiner Kanal unter Steinbrückchen. Schopflavendel duftet. Ein Wasserfall donnert bei der Felsformation der »Teufelshörner«, Cornos do Diabo. Das Schuhprofil bohrt sich in ein Pfadkletterstück. Eine Passage zwischendurch bräuchte dringend ein Mähkommando; die Gemeinden sind für den Freischnitt verantwortlich.

Käselaibe und leibhaftige Schäfer

»Laibgericht« in der Serra da Estrela ist der Bergkäse, Queijo da Serra – dank dem, was Schäfer wie Fernando Jorge Nunes Cardoso und Armando Jorge Abreu an einen Milchhändler liefern. Was die Kumpels außerdem eint: Sie stammen aus Schäfergenerationen. Abreu ist wortkarg und schiebt sich lieber eine Zigarette vor die perforierten Zahnreihen, während Cardoso erklärt, dass mindestens fünf Liter Schafsmilch für ein Kilo Käse nötig sind. Die Rasse Bordaleira liefere die beste Milchqualität. Seine 220 Tiere, erfährt man, haben »nur Nummern und Chips, keine Namen«. Etwas abseits schaut Cardosos junge Tochter Rita sympathisch frech drein. Für sie ist klar, was sie auf keinen Fall werden will: Schäferin. Ihr Traumjob ist Rechtsanwältin.

Während Cardoso nicht mehr mit seiner Herde auf Wanderschaft in die Berge zieht, ist das bei einem anderen Hirten, Luis do Cruz, anders. Im Frühsommer bricht er zu den saftigeren Weiden in die Gipfelregionen auf und kommt erst zwei bis drei Monate später zurück. Früher hat der Endfünfziger in den Highlands unter Decken und Regenschutz im Freien an einem Fels genächtigt. Und heute? »In meinem Auto«, sagt er lapidar.

↖ Bei Wanderungen durch die Serra da Estrela begegnet man frei laufenden Ziegen.
← Zieht der Frühling hinauf in die Serra da Estrela, weidet sich das Auge an solchen Blumenlandschaften.
↗ Covão dos Conchos: Das Naturphänomen in Form eines Lochs mitten in diesem See der Serra da Estrela ist ein Kuriosum.

INFO

DAS SONNENWENDFEST

Wer im Juni kommt, erlebt in Alvoco da Serra besondere Traditionen. Für das Sonnenwendfest putzen die Bewohner den Ort mit Krepppapierschmuck heraus. Es ist das gesellschaftliche Event des Jahres. Halbe Schweine wandern auf Grills und Musiker umher. Stimmungsvoll bei Dunkelheit ist die Laternenwanderung.

GUTER STÜTZPUNKT

Ein gutes Standquartier in der Serra da Estrela ist das komfortable, gut geführte Berghotel Casa das Penhas Douradas. Es liegt auf einer Höhe von etwa 1500 Metern und ist aus einem Sanatorium für Tuberkulosekranke hervorgegangen. Bereits Ende des 19. Jahrhunderts stuften Mediziner die Gegend als die gesündeste in Portugal ein. Daran hat sich ebenso wenig geändert wie am bitterkalten Winterklima, doch auch dann ist es im Hotel gemütlich. Es gibt ein Restaurant und eine Sauna. In der Nähe verlaufen Wanderstrecken.
Tel. +351/275 98 10 45 oder
+351/963 38 40 26,
www.casadaspenhasdouradas.pt

WEITERE INFOS

www.centerofportugal.com
www.visiteserradaestrela.pt

Die Serra da Estrela gilt als perfektes Produktionsgebiet für Bergkäse.

Moosüberzogene Bäume und Felsen im Parque da Pena oberhalb von Guimarães – und dazu blinzelt die Sonne durch.

NORD-PORTUGAL

Spannende Entdeckungen zwischen der Küste und Flüssen wie dem Douro.

30

BEACH HOPPING

STRAND AUF STRAND

Wer mobil ist, kann sich nördlich der Küstenstadt Figueira da Foz eine schöne Route von Strand zu Strand zusammenstellen. Dabei geht es, zwangsläufig auch mit Schlenkern durchs Inland, von der Praia da Tocha bis zum Meeresarm von Aveiro. Das Beach Hopping markiert gleichzeitig den Übergang von Nordwest- nach Nordportugal.

Ein Dünenband versperrt zunächst die Sicht. Doch sobald man einen Stegzubringer passiert hat, öffnen sich wunderbare Sandweiten, die sich ungeschützt dem Atlantik zuwenden. Dies hier, an der Praia da Tocha, sind die ersten Eindrücke einer lohnenden Strandroute, die sich nordwärts bis an den Meeresarm von Aveiro erstreckt. Naturfans sollten sich ausreichend Zeit nehmen, müssen aber mobil sein. Ohne eigenen fahrbaren Untersatz geht nichts. Die Verbindungsstücke und Zufahrten führen ein ums andere Mal durchs Landesinnere.

Einstellen sollte man sich auf Küstenabschnitte, die sehr rau sind – perfekte »Wild Places« also. Oft ist die Brandung an der Praia da Tocha wild und verlangt nach Vorsicht. Dann suchen Wellenreiter und Bodyboarder den besonderen Kick. Weiter nördlich der Praia da Tocha sind an der Praia do Palheirão nahezu unberührte Strandabschnitte erreicht. Das erfordert entweder ein extrem langes Strandwandern oder eine motorisierte Schleife durchs Küstenhinterland. Typisch ist die Verschmelzung der Bilder von Kiefernforst, Dünen, Strand und See. Wer die Einsamkeit sucht, ist hier bestens aufgehoben. Auch ab hier kann man Kilometer um Kilometer am Strand entlanglaufen – natürlich ohne Schatten.

Durch das Landesinnere fährt man weiter durch eine Busch- und Kiefernlandschaft bis zum nächsten Strandstopp in Praia de Mira. An den Ort stößt ein kleiner Binnensee; die Seerandpromenade eignet sich gut für Vogelbeobachtungen. Die fruchtbare Erde der Umgebung bringt Kartoffeln und verschiedene Gemüse hervor.

Dünenträume und Kanäle

Nördlich von Praia de Mira erfüllen sich weitere Strand- und Dünenträume an der Praia do Poço da Cruz, an der Praia do Areão und in Vagueira. Zugaben in der Landschaft sind Kanäle, die bereits zur Ria de Aveiro gehören, dem Flussmündungsgebiet des Rio Vouga. Im Ort Costa Nova leiten Holzplankenwege durch die Dünen zum weiten Strand. Lebendig und farbenfroh geht es an der Fishermen's Wharf mit Enten und kleinen Booten zu. Wahrzeichen von Costa Nova sind die bunt gestreiften Häuschen, die den Fischern ursprünglich als Lagerschuppen dienten. Das sind Hingucker in Gelb, Rot, Grün. Den Schlusspunkt beim Beach Hopping setzt die Praia da Barra, die bereits in Sichtweite eines Leuchtturms und der Mole an der Hafeneinfahrt in den Meeresarm von Aveiro liegt.

← Da will man nördlich von Figueira da Foz gleich zum Strandwandern losziehen und die Einsamkeit genießen – wie hier an der Praia da Tocha.
↓ In Costa Nova werfen bunte Boote ihre Spiegelbilder ins Wasser.

INFO

INTERESSANTES MUSEUM

Ein Abstecher ins Inland östlich von Costa Nova lohnt sich wegen des interessanten Meereskundemuseums, Museu Marítimo (montags geschlossen). Hier erfährt man Hintergründe zum historischen Kabeljaufang, der sich vor Jahrhunderten bis nach Neufundland erstreckte, und Wissenswertes zu den typischen Booten, die auf der Ria de Aveiro verkehrten. Früher dienten Boote dem Transport von Salz, Vieh, landwirtschaftlichem Gerät. Algen und Seegras wurden auf ein sogenanntes Moliceiro-Boot verladen; dessen nach oben gebogenen Bug bemalten Künstler mit bunten religiösen Motiven.
Avenida Dr. Rocha Madahíl, www.museumaritimo.cm-ilhavo.pt

AVEIRO

Aveiro ist das Städtchen der Kanäle hinter der Ria de Aveiro. Die kleine City breitet sich um die Praça da República und den Largo da Praça de Peixe aus. Über das Stadtbild verteilen sich einige Jugendstilbauten. Beliebt ist eine Tour auf einem Moliceiro-Boot.

31

BOOTSTOUR IN PORTO

AUF DEM DOURO

Das Schlussstück auf dem Weg zur Mündung in den Atlantik legt der Douro zwischen Porto und Vila Nova de Gaia zurück. Eine Bootsfahrt gibt Gelegenheit, den Fluss zu spüren und den monumentalen Ansichten aus der Wasserperspektive die Parade abzunehmen. Die Tour dauert knapp eine Stunde: kurz, aber intensiv.

Leinen los zum »River Cruise« auf dem Douro. Startpunkt ist gegenüber von Porto in Vila Nova de Gaia, der Kurs zu Beginn stromaufwärts. An Deck sind Sitzplätze und Boden recht abgewetzt. Der Motor schnarrt. Ein seichter Wind kräuselt das Wasser. Dekorativ wirken die typischen Rabelos-Boote, mit denen einst der Portwein aus dem oberen Douro-Tal nach hier transportiert wurde.

Die Stadt als Großmosaik

Möwen kreischen. Kleine Pflanzenteppiche treiben entgegen. Ein Bootstaxi kreuzt den Fluss hinüber auf die Porto-Seite, wo die Stadt sich wie ein Bausatz, ein Steckspiel, ein Großmosaik aufstaffelt. Fassaden leuchten in Rosa, Orange, Blau, Gelb. Am Ufer wiegen Menschenströme hin und her.

Die heiligen Hallen der Portweinlager von Vila Nova de Gaia verlieren sich im Rücken. Voraus bäumt sich die metallene Bogenbrücke Dom Luís I auf, eines der Wahrzeichen von Porto. Der Verkehr rollt über zwei Ebenen, oben die Stadtbahn, unten die Fahrzeuge. Rechts steigt der Blick zur Seilbahn auf, die auf der Uferseite von Vila Nova de Gaia verkehrt.

In Rot und Grün ragen Markierungsbojen aus dem Wasser. Häuser und sogar kleine Waldstücke ziehen vorbei. Angler versuchen ihr Glück. Ob Fisch aus den Großstadtfluten gesund sein kann, wagt man zu bezweifeln.

Hoch über den Köpfen streichen weitere Brücken hinweg: die Ponte do Infante, die vom weltberühmten Gustave Eiffel konzipierte Ponte de Maria Pia, die Ponte de São João, eine leuchthelle Spannbetonbrücke. Der Fluss fließt ruhig dahin.

Hinter der Ponte de São João ist die Wendemarke. Auf der Fahrt stromabwärts nimmt man Portos Einkehrzonen an den Cais da Ribeira die Parade ab. Die Sonne fängt sich in Fenstern. Die Blicke in Richtung Altstadt steigen über Fassaden- und Dächerpuzzles hinauf zum doppeltürmigen Dom.

Je weiter man sich der Mündung des Douro nähert, desto stärker bläst der Wind entgegen. Kräne schieben sich ins Bild. Die Vorzeigeansichten bröckeln. Da wären Abrissbirnen und Investitionen nötig.

Weiter geht es nicht, der Kapitän dreht bei. Die Mündung des Douro ist aus der Ferne allenfalls zu erahnen. Ein Kormoran steigt mit schnellen Flügelschlägen auf – und die Bootsausflügler haben bald wieder festen Boden unter den Füßen.

INFO

TOURANBIETER
Es gibt verschiedene Anbieter der »River Cruises« auf dem Douro, darunter Rota do Douro (www.rotadodouro.pt), Cruzeiros Douro (www.cruzeiros-douro.pt) und Douro Acima (www.douroacima.pt). Abläufe und Preise unterscheiden sich so gut wie nicht.

DAS DOURO-TAL
Das Douro-Tal zieht sich mit grünen, fruchtbaren Hängen tief ins Landesinnere hinein. Es genießt wegen seiner Weinbauterrassen einen internationalen Ruf und ist als Kulturlandschaft von der UNESCO als Welterbe klassifiziert worden. Beliebt sind Flusskreuzfahrten durch das Douro-Tal. Ein bewährter Anbieter ist Nicko Cruises. Während man auf dem Sonnendeck entspannt, bilden Weingärten, Dörfer und Steilflanken die Kulissen im Hintergrund.
www.nicko-cruises.de

← Der Blick über den Douro von Vila Nova de Gaia hinüber nach Porto – das ist ein fantastisches Panorama im Breitwandformat.
↑ Landeinwärts im Tal des Douro sind Rebgärten die ständigen Begleiter.

32

PARQUE NACIONAL PENEDA-GERÊS

RAUE BERGE, BOTANISCHE VIELFALT

Durch diesen Teil des portugiesischen Nordens mit dem Parque Nacional Peneda-Gerês führen definitiv keine Hauptreiserouten. Der Nationalpark liegt im Grenzgebiet zu Spanien und wird geprägt durch eine raue Berglandschaft, Wasserfälle und botanische Vielfalt. Hier kann man gut die Wanderstiefel schnüren.

Wer gerade noch auf Meereshöhe im Ballungsraum von Porto und Umgebung gewesen ist, bekommt im Parque Nacional Peneda-Gerês das Kontrastprogramm geboten: raue Berglandschaften, tief eingeschnittene Täler, Wasserfälle, einsame Dörfer. Der 69 564 Hektar große Nationalpark umfasst die Gebirge Peneda, Amarela, Soajo und Gerês. Das Schutzgebiet ist Lebensraum von Rotwild, endemischen Tieren wie einem goldgestreiften Salamander und gefährdeten Arten wie dem Iberischen Wolf und dem Iberischen Steinbock. Zur botanischen Vielfalt gehören Stechpalmen und die endemische Gerês-Lilie. Wer die Natur erleben will, schnürt die Wanderstiefel. Beispielsweise im Dorf Soajo. Nachfolgend ein Tipp für eine schöne, relativ leichte Wanderung von knapp fünf Kilometern. Als Jahreszeit scheidet aus klimatischen Gründen der Hochsommer aus; auch vom tiefsten Winter ist abzuraten.

Rundwanderweg ab Soajo

Der Rundwandertrail ab Soajo, ausgewiesen als »Kurzer Weg« *(Percurso corto)*, erlaubt exemplarische Einblicke in die Vielfalt des Nationalparks. Idyllische Bilder geben gleich zu Beginn Geleit: moosüberzogene Mauern, Schafe unter Orangenbäumen, eine Kamelie. Der Wind streicht über abgestufte Feldbauterrassen. Es geht über Granitblöcke. Das Bimmeln der Glöckchen von Ziegen vermischt sich mit Hundegebell. Früher holperten Ochsenkarren über die Felsplatten und transportierten Maismehl von den höher gelegenen Wassermühlen ins Tal. Viele Familien hatten ihre eigenen Mühlen. Bananenblätter sorgen für einen Hauch Exotik.

Der Weg geht bergauf, kreuzt einen Bachlauf mit glasklarem Wasser, führt an unförmigen Granitblöcken vorbei und längs einer aufgeschichteten Mauer mit einer Pferdeweide dahinter. Typisch für einen historischen Hirtenunterschlupf war die doppelte Ebene: Unten waren die Tiere, oben die Schäfer. So stieg die Wärme von den Tieren hinauf. Und natürlich der strenge Geruch. Ebenfalls typisch für die Gegend sind Langhornrinder.

Später folgt ein abgeschiedener, romantischerer Teil des Gebirges. Farne wuchern, Brombeer- und Ginstersträucher. Man geht etwas steiler über Steinplatten hinab. Ein Flüsschen spielt seine Melodie. Auf einen Graspfad mit Bachüberquerung folgt eine Panoramatrasse hoch über dem Fluss in der Weite des Tals. Weitere Eindrücke: Eukalyptusriesen, ein kleiner Wasserfall, Vogelgezwitscher, Schmetterlingsflüge, ein Feuchtgebiet – dann gerät Soajo zurück ins Blickfeld.

← Cachena-Rinder, denen man unterwegs begegnen kann, zeichnen sich durch imposante Hörner aus – doch Angst braucht man nicht zu haben.
↓ Auf ihren typischen Stützen stehen die landwirtschaftlichen Speicherbauten in Soajo.

INFO

SPEICHERBAUTEN IN SOAJO

In Soajo sollte man sich vor oder nach der Wanderung Zeit für die Erkundung des unteren Dorfteils nehmen. Dort dienen zahlreiche alte Agrarspeicher *(espigueiros)* bis heute zur Einlagerung von Produkten wie Maiskolben. Die Granitbauten haben seitliche Luftschlitze und stehen auf Pfeilern. Wer es nicht besser weiß, könnte sie für Grabmonumente halten ...

DAS FLUSSTAL DES RIO LIMA

Zwischen Nationalpark und Küste sollte man auf dem Hin- oder Rückweg das Flusstal des Rio Lima erkunden. Lohnende Stationen sind Ponte da Barca, wo ein Spazierweg am Ufer verläuft, und die Kleinstadt Ponte de Lima, wo sich die historische Brücke, Ponte Românico, in einer spektakulären Länge von 277 Metern über den Fluss legt. Hier ist man im Weinanbaugebiet des sogenannten »Grünen Weins« (Vinho Verde) gelandet, der nicht grün ist, sondern jung und leicht moussiert.

Im Parque Nacional Peneda-Gerês ist unweit der Grenze zu Spanien der Wasserfall Portela do Homem eine lohnende Sehenswürdigkeit.

33

PARQUE ARQUEOLÓGICO DO VALE DO CÔA

FELSBILDER AUS DER ALTSTEINZEIT

In einem entlegenen Gebiet im Landesinnern, eingefasst in die Kulissen des Côa-Tals, finden sich Stücke der Prähistorie quasi zum Anfassen: im Parque Arqueológico do Vale do Côa. Hier steht man ehrfürchtig vor altsteinzeitlicher Felsbildkunst unter freiem Himmel, so wie an der Fundstätte Canada do Inferno.

Fernando, der Guide, stellt den Geländewagen ab. Morgenlicht hängt über dem Flusstal des Rio Côa. Sträucher und Abhänge stehen als Spiegelbilder im Wasser. Hinter dem Parkplatz zieht sich der Pfad hinab zur »Höllenfurt«, Canada do Inferno. Olivenbäume spenden Schatten. Vögel zwitschern. Am Weg wachsen Schopflavendel, Ginster, wilder Spargel. Fernando knickt einen Grasstängel ab und führt auf die Felswände über dem Flusslauf zu. Er fährt mit dem Halm über den schrundigen Untergrund und zeichnet die Umrisse von abgebildeten Tieren nach – und zwar so vorsichtig, als wolle er sie nicht wecken. Eingeritzt und eingehauen verharren sie dort, von Meisterhänden gefertigt und mit ungeübtem Blick nicht einfach zu erkennen.

Dank Fernandos Hilfe macht man die Konturen einer Hirschkuh in Seitenansicht aus, schaut auf eine Ziege, einen perfekt proportionierten Pferdekopf mit gespitzten Ohren. Durch die Gegenwart flattern gerade Schmetterlinge, aus einer Felsspalte lugt eine Eidechse, im Fluss springen Fische.

Einzigartige »Rock Art«

Die altsteinzeitliche Felsbilderkunst, die im Parque Arqueológico do Vale do Côa unter Schutz steht, beweist, dass es »Rock Art« nicht nur in Höhlen gab. Dank des beständigen Klimas hat sich die Kunst im Tal des Côa erhalten. Die Wiederentdeckung der prähistorischen Felsbilder galt als archäologische Sensation und ließ ein geplantes Staudammprojekt in den 1990er-Jahren platzen, sonst wären die Zeugnisse der Menschheitsgeschichte für immer in den Wassermassen verschwunden. Proteste der Bevölkerung und von Wissenschaftlern gegen das Staudammvorhaben verhinderten die Tragödie, unterlegt von dem Slogan »Die Gravuren können nicht schwimmen«.

Die Zeugnisse sind bis zu 25 000 Jahre alt und naturgetreue Abbilder der Wirklichkeit. Dabei pflegten die altsteinzeitlichen Meister bei ihren Illustrationen eine Vorliebe für animalische Motive. Die Tiere kannten sie entweder als Jagdbeute oder domestizierte Arten. Die Künstler verwandelten die Felsen in ihre Leinwände, ihre Werkzeuge bestanden aus Stein. Damit ritzten, schabten oder hämmerten sie klein- und großformatige Tiere ein, manche zwei Meter hoch, andere winzig wie eine Fingerkuppe. Manche dürften koloriert gewesen sein »in Rot oder Schwarz«, wie Fernando erklärt. Eine einzigartige »Rock Art« in Portugal.

← Die prähistorischen Felsritzungen im Parque Arqueológico do Vale do Côa strahlen eine stille Faszination aus.
↓ Ein modernes Museum komplettiert die vielfältigen Eindrücke.

INFO

DIE FUNDSTÄTTEN
Die Entdeckungen im Parque Arqueológico do Vale do Côa splitten sich für Besucher in die drei Fundstätten Canada do Inferno, Penascosa und Ribeira de Piscos. Diese sind nach Voranmeldung und ausnahmslos im Rahmen von Führungen in Kleingruppen zugänglich. Die Reservierungen laufen über die offizielle Website. Zum Thema gibt es zudem ein modernes Museum.
Tel. +351/279 76 82 60 oder +351/965 77 87 99,
E-Mail: visitas@arte-coa.pt, www.arte-coa.pt

UNGEKLÄRTE BEDEUTUNG
Um die Bedeutung der »Rock Art« ranken sich unterschiedlichste Theorien. Ob es sich bei den Motiven um Grenzlinien eines Clans oder Wegzeichen handelte oder das Côa-Tal in fernen Jahrtausenden ein heiliger Platz war, bleibt Nährboden für Spekulationen.

34

DIE SCHLUCHT DES RIO PAIVA

THRILL-EFFEKTE IN DER NATUR

Den Rio Paiva könnte man für einen gewöhnlichen Fluss im Norden Portugals halten. Doch er bildet eine spektakuläre Schlucht, wo ihn zwei Ziele aus dem Schatten der Normalität heraustreten lassen: die Fußgängerhängebrücke »516 Arouca« und der Holzstrukturweg »Passadiços do Paiva« – Nervenkitzel pur.

Die magische Wildheit der Schlucht des Rio Paiva, der in der Serra de Leomil entspringt und in den Douro mündet, ist durch Menschenhand gesteigert worden – und das gleich doppelt. Über den Fluss spannt sich die 516 Meter lange Fußgängerhängebrücke »516 Arouca«, und auch der etwa acht Kilometer lange Holzbohlenweg »Passadiços do Paiva« sorgt für Nervenkitzel. Dort befindet man sich im Arouca-Geopark.

Höchste Sicherheitsstandards

Das mulmige Gefühl lässt sich nicht ganz ausschalten, wenn man diesen Übergang in schwindelnder Höhe betritt. Immerhin gilt die »516 Arouca« als eine der längsten Fußgängerhängebrücken der Welt. An der höchsten Stelle befindet man sich 175 Meter über dem Flusslauf des Rio Paiva. Das Leben der Begeher hängt selbstverständlich nicht am seidenen Faden, sondern an einem ausgeklügelten Konstrukt aus Stützen und Metall. Auf Betreiben der Gemeinde Arouca waren diverse Institutionen und zahlreiche Hände in das Projekt involviert. Statt den Auftrag an einen internationalen Stararchitekten zu vergeben, wurde es vom portugiesischen Itecons-Institut für Forschung und technologische Entwicklung entworfen. Die Arbeiten dauerten von 2016 bis 2021. Bis heute gelten maximale Sicherheitsstandards; ein Guide gibt vorab ein Briefing.

Der Zugang hängt stets von den Wetterbedingungen ab; außerdem darf sich nur eine begrenzte Anzahl von Personen gleichzeitig auf der Brücke befinden. Die Länge von über einem halben Kilometer darf man nicht unterschätzen. Wer Höhenangst hat, sollte auf den Besuch verzichten. Das Mindestalter für jüngere Besucher beträgt übrigens sechs Jahre.

Auf den »Passadiços do Paiva« erlebt man das Flusstal des Paiva und das Naturschutzgebiet auf ganz andere Art – eine, die erheblich anstrengt. Der Einstiegspunkt liegt entweder in Areinho oder in Espiunca.

Die Pavia-Walkways verlaufen über Holz durch steiles Gelände und dürfen nicht auf die leichte Schulter genommen werden. Die Treppenpassagen hinauf und hinab gehen ganz schön in die Gelenke und Muskeln. Der Schwierigkeitsgrad ist offiziell als »schwer« klassifiziert, die einzuplanende Zeit mit zweieinhalb Stunden. Gutes Schuhwerk ist ebenso zwingend erforderlich wie ein Tagesrucksack mit Proviant und Wasser. Unterwegs erreicht man einen Flussstrand, die Praia Fluvial do Vau, wo man sich etwas erfrischen kann.

INFO

BESUCHERINFORMATIONEN BRÜCKE

Für die Brücke »516 Arouca« nimmt man eine Onlinereservierung vor. Dazu muss man Datum und Uhrzeit auswählen und sich eine Viertelstunde vorher am vorgegebenen Treffpunkt einfinden. Die Brücke öffnet täglich zu folgenden Zeiten: Mai bis September 8–20 Uhr, April und Oktober 9–19 Uhr, November bis März 9–17 Uhr. Der Ticketkauf für die Brücke berechtigt zum Besuch der »Passadiços do Paiva«, sofern man diese am selben Tag in Angriff nimmt; umgekehrt gilt das Ticket für die »Passadiços«, aber nicht für die Brücke.
www.516arouca.pt

BESUCHERINFORMATIONEN »PASSADIÇOS«

Für die »Passadiços do Paiva « gelten dieselben Öffnungszeiten wie für die Brücke »516 Arouca« (s. o.), allerdings mit dem wichtigen Unterschied, dass der Zugang drei Stunden vor der Schließzeit erfolgen muss. Ticketreservierungen, der Download eines GPS-Tracks und weitere Infos findet man auf der Internetseite.
www.passadicosdopaiva.pt

← Jedermanns Sache ist es gewiss nicht, sich hinüberzutrauen, aber alles gilt als sicher: die Fußgängerhängebrücke »516 Arouca«.
↑ Am Rio Paiva entlang auf den Walkways – ein Naturerlebnis der besonderen Art

IM REICH DES PORTWEINS

GEHALTVOLLE TROPFEN

Der Portwein ist eines der größten Aushängeschilder Portugals. Dabei handelt es sich um einen Likörwein, dessen Reben im oberen Douro-Tal wurzeln. Berühmter jedoch sind die riesigen Lagerstätten, in denen die Tropfen reifen. Sie befinden sich gegenüber von Porto in Vila Nova de Gaia und öffnen ihre Tore für Besucher.

Unter den Steinbögen staut sich ein süßlicher Duft. Dann tauchen sie auf: Riesendepots und bauchige Eichenholzfässer. Es riecht holzig, intensiv. Wer in Vila Nova de Gaia ein Portweinlager besucht, wird beim Eintritt in die heiligen Hallen von Aromen umspült, geht zwischen endlos scheinenden Fässerreihen durch. Fixpunkte im Basiswissen des Portweinvokabulars sind Ruby und Tawny; der Ruby reift vorrangig in der Flasche, der Tawny im Fass. Beide sind Verschnitte verschiedener Jahrgänge von Roten, bei denen gut Ding über viele Jahre Weile haben will.

Heimat des Portweins ist das obere Douro-Tal. Dort gedeihen die Trauben in einem heißen, trockenen Klima, abgeschirmt durch Berge. Im Frühjahr transportiert man den jungen Wein ins Atlantikklima von Vila Nova de Gaia, um unweit der Küste in kühlen, dunklen Hallen zwischen Granitmauern zu reifen, bevor er verschnitten und abgefüllt wird. Das Gros der Produktion fließt in den Export.

Trinkfeste Briten

Der Name »Portwein« tauchte einschlägigen Quellen zufolge erstmals im 17. Jahrhundert auf. Den Anstoß als Exportschlager gaben die Briten, die damals angesichts schwelender Politprobleme mit Frankreich Ersatz für Bordeauxweine suchten, um anderweitig die Nachfrage aus der High

↙ Der Besuch eines Portweinlagers in Vila Nova de Gaia ist ein »Muss«.
← Ebenfalls ein »Muss«: die Kostprobe im Anschluss an den Besuch eines Portweinlagers
↓ Das Gut »Calém« ist einer der klingenden Namen unter den Portweinkellereien in Vila Nova de Gaia.

Society zu decken. Britische Geschäftsleute, die ursprünglich in Viana do Castelo mit anderen Agrarprodukten handelten, brachten ihre Landsleute mit gehaltvollen Tropfen aus dem Douro-Tal auf den Geschmack und verlagerten ihre Aktivitäten nach Porto. Bald entstanden die ersten britisch geführten Kellereien. Der Portwein trat seinen Siegeszug an. Im Jahr 1678 wurden 24 000 Kisten nach England verschifft, 1693 waren es 780 000 und 1728 bereits 1,5 Millionen. Unter den Vorzeichen der trinkfesten Klientel auf der Insel darf nicht erstaunen, dass der deutsche Physiker und Schriftsteller Georg Christoph Lichtenberg (1742–1799) in seinen *Sudelbüchern* im Deutsch jener Jahre einmal befand: »Es wird gewiß in England des Jahrs noch einmal so viel Portwein getrunken, als in Portugal wächst.«

Probe und Pairing

Krönender Abschluss eines Kellereibesuchs ist die Probe. Gewöhnlich kostet man bei der Standardvariante zwei Tropfen. Daheim kann man nahtlos anknüpfen und einen eingekauften Portwein mit Schokolade kombinieren – allein beim Gedanken schmelzen manche dahin. Ein Tipp für das Pairing ist ein fruchtiger, vollaromatischer Ruby mit dunkler Schokolade, die mindestens 58 Prozent Kakaoanteil hat.

INFO

KELLEREIEN

In Vila Nova de Gaia sind diverse Portweinkellereien regelmäßig besuchbar. Je nach Haus kann das eine Audiotour oder eine echte Führung sein, bei der man auch Fragen stellen kann. Besuche bieten unter anderem Taylor's, Cálem und Graham's/1890 Lodge an.
www.taylor.pt
www.calem.pt, www.tour.calem.pt
www.grahams-port.com

WORLD OF WINE

Aus alten Portweinlagern ist in Vila Nova de Gaia der moderne Kulturdistrikt World of Wine, kurz: WOW, erwachsen. Der Distrikt besteht aus Restaurants und unterschiedlichen Museen, bei denen es nur teilweise um Wein geht. Andere Themen sind Kork, Mode und die Geschichte von Porto. Das Museum Bridge Collection, benannt nach dem Sammler und WOW-Chef Adrian Bridge, bietet eine fantastische Sammlung zu neun Jahrtausenden Weintrinkkultur.
www.wow.pt

35

CITÂNIA DE BRITEIROS

BERGSIEDLUNG DER ANTIKE

Wenn sich Natur und Kultur verzahnen, hat das manchmal besondere Reize. Ein fantastisches Beispiel findet sich etwa auf halbem Weg zwischen den Städten Braga und Guimarães: die Citânia de Briteiros, eine Bergsiedlung der Antike. So also lebten Portugals Vorfahren in vorrömischen Zeiten. Ein »Wild Place« voller Geschichte.

Hinter dem Zugang führt der Pfad beschwerlich bergan. Steine bohren sich in die Schuhsohlen. In Vertiefungen sammelt sich das Laub des Herbstes. Korkeichen und bemooste Mauern säumen den Weg. Unkraut sprießt hervor. Dann sind die höchstgelegenen Abschnitte im Hügelgrün erreicht. Wiederhergestellte Häuser halten vor Augen, wie die Menschen im ersten Jahrtausend vor Christus in dieser Bergsiedlung Citânia de Briteiros gelebt haben: in strohgedeckten Steinrundbauten, in die eine winzige Tür hineinführte. Fenster fehlten fast vollständig. Was aus heutiger Sicht archaisch wirkt, war seinerzeit durchaus fortschrittlich.

Strategisch günstige Lage

Es ist eine einsame Gegend, in der man Portugals Vergangenheit auf den Grund geht. Die Citânia de Briteiros ist ein wunderbares Freilichtmuseum der Antike. Die Lage der Siedlung über einem Hügel nahe dem Flusslauf des Rio Ave war strategisch günstig gewählt. Die Felsen lieferten Bau-, die Bäume und Sträucher Brennmaterial. In den Wäldern fanden sich wilde Früchte und Jagdtiere. In den fruchtbaren Niederungen betrieben die Bewohner Feldwirtschaft, bauten etwa Weizen und Gerste an. Nutzvieh weidete in der Nähe. Fische aus dem Fluss brachten Abwechslung auf den Speiseplan. Zudem erlaubte der Rio Ave den Warentransport zwischen Inland und Küste. Die inländische Handelsroute zwischen den Tälern des Douro und Minho wurde über Bergposten kontrolliert.

Mauerreste und Hausfundamente bezeugen die Präsenz der Kelten, die den Ort in der Eisenzeit begründeten. Auf sie folgten die Keltiberer, die später durch die Römer geschluckt wurden. Grabungsfunde belegen, dass hier bis in die Römerzeit noch Menschen wohnten. Im Mittelalter wurde in die vormalige Wohn- und Befestigungsanlage ein Kirchlein platziert.

Drei Verteidigungswälle nach Norden hin sowie zwei Zusatzlinien begrenzten die antike Siedlung, die sich aus diversen Wohnquartieren mit Steinhäusern und einem Straßen- und Wegenetz zusammensetzte. Es gab soziale Rangordnungen, Badehäuser und eine Art Gemeindezentrum. Dort traf man sich, um Zeremonien abzuhalten und bei Versammlungen unter den Führern der wichtigsten Geschlechter Konflikte zu schlichten, über Ernten zu beratschlagen, weitergehende Fragen zu klären. Insgesamt könnte die Siedlungsgemeinschaft der Citânia de Briteiros in ihrer höchsten Entwicklung tausend Bewohner stark gewesen sein.

← Der Spaziergang durch das Areal der Bergsiedlung Citânia de Briteiros gleicht einer Reise durch die Zeit; nicht selten ist man allein unterwegs.
↓ Die Eindrücke vertieft das archäologische Museum Martins Sarmento in Guimarães.

INFO

BESUCHERINFORMATIONEN
Die Citânia de Briteiros hat zu folgenden Zeiten geöffnet: im Sommer täglich 9.30–12.30 und 14–18 Uhr, während des übrigen Jahres Di–So 9.30–12.30 und 14–17 Uhr. Letzter Einlass ist jeweils eine halbe Stunde vor Ende der Öffnungszeiten. www.msarmento.org/monumentos/citania-de-briteiros

DIE AUSGRABUNGEN
Der portugiesische Archäologe Francisco Martins Sarmento (1833–1899) war der Erste, der Ausgrabungsarbeiten in der Citânia de Briteiros durchführte. Er kaufte die umliegenden Ländereien auf und rettete das Areal für die Nachwelt. Martins Sarmento wurde zum Namensgeber einer gemeinnützigen wissenschaftlichen Gesellschaft, die ihren Sitz in Guimarães hat und Fundstücke im archäologischen Museum Martins Sarmento ausstellt.

36

PARQUE NATURAL DE MONTESINHO

LÄNDLICHE IDYLLE

Wer abgelegene Gegenden und ländliche Idylle mag, der wird auch den Parque Natural de Montesinho mögen. Der Naturpark beginnt nördlich von Bragança in der Region Trás-os-Montes und lädt zum Abschalten und Wandern ein. Die bis knapp 1500 Meter hoch ansteigende Bergwelt formt eine natürliche Barriere nach Spanien.

Nördlich von Bragança taucht man in beschauliche Gegenden mit Berg-und-Tal-Landschaften ein. Dörfer, so heißt es gerne, passen sich mit ihren traditionellen Häusern aus Granit und Schiefer derart gut an die Umgebung an, dass man sie aus der Ferne kaum entdeckt. Ursprünglichkeit und ländliches Gepräge sind charakteristisch für den wenig bekannten Parque Natural de Montesinho, dessen Name sich vom 1486 Meter hohen Gebirgszug der Serra de Montesinho ableitet.

Rundwanderung ab Vilarinho

Eines der typischen Dörfer heißt Vilarinho, wo der Percurso do Ornal startet, ein knapp acht Kilometer langer Rundwanderweg von höchstens mittlerem Schwierigkeitsgrad. Inklusive Fotostopps und Pausen muss man mindestens drei Stunden einplanen und die Verpflegung im Tagesrucksack mitbringen. Hochsommer und Winter sind als Jahreszeiten nicht für die Wanderung zu empfehlen.

Ein rauschendes Bächlein, Ginster und Kiefern sind Wegbegleiter zu einem ersten Anhaltspunkt, der ursprünglich 1726 erbauten und wiederhergestellten Bergkapelle Santo Amaro. Gegenüber plätschert ein Brunnen mit wunderbar klarem Gebirgswasser. Der Pfad führt zwischen Steineichen und Heidekrautgewächsen aufwärts, teils über Schieferboden. Beim Blick zurück sieht man noch Teile von Vilarinho. Es geht verschlungen durchs Gesträuch, auf- und abwärts bis zu einem Flussläufchen, der Ribeira de Ornal. An Bäumen hängen Flechten wie Altenbärte herunter. Beim Aufstieg durch Wald saugt man in unberührter Natur die unverbrauchte Höhenluft ein. Dann kehren menschliche Spuren kurz in Form eines winziges Landguts und einer Straße zurück. Beim Aufstieg aus dem kleinen Flusstal sind die Wanderzeichen hier auf Holzpflöcke gemalt.

Schön schnürt sich der Pfad zwischen Ginster zusammen. Man überquert einen Bachlauf, passiert Wiesengründe, erfreut sich an Kleinigkeiten wie Gänseblümchen und einem Hagebuttenstrauch, der Farbnuancen in Orangerot setzt. Links aus der Tiefe dringt Flussrauschen. Am Weg liegt ein einsames, schiefergedecktes Steinhaus. Schafe haben sich auf der Strecke erleichtert. Je nach Jahreszeit und Pegelstand muss man mal einen Bach durchwaten. Ein kleiner Wasserfall stürzt hinab. Beim Aufstieg durch Kiefernforst schweifen die Blicke über die bewaldete Hügelwelt. Dann folgen weitere Bachläufe, Kastanien – und schließlich ist der Ortsrand von Vilarinho erreicht.

INFO

UNTERKÜNFTE AUF DEM LAND

In und um Vilarinho lassen sich Ferienhäuser wie Apimonte Casa do Serra, O Palheiro und Casa do Parâmio mieten. Die einfachsten Such- und Buchungsmöglichkeiten laufen über www.booking.com. Ein gutes Quartier auf dem Land zwischen der Stadt Bragança und dem Dorf Vilarinho ist Candeias de Souto; hier kommt man in einfachen Zimmern mit rustikalen Bruchsteinwänden unter.
Largo da Capela 15, Tel. +351/273 33 12 59, www.candeiasdosouto.pt

WEITERE INFOS

Basis-Infos zum Parque Natural de Montesinho liefert die Website www.montesinho.com mit der Sprachwahl auf Englisch; aufgeführt sind Tipps zu Aktivitäten und einige Unterkünfte.
Infos zur Wanderung »Percurso do Ornal« ab/bis Vilarinho: www.natural.pt/protected-areas/parque-natural-montesinho/pathways/ornal

← Da überträgt sich gleich die Ruhe ins Innere, wenn man den Blick über den Naturpark Montesinho schweifen lässt.
↑ Wanderungen führen an Ginster und Kiefern, aber auch an blühenden Pflanzen vorbei.

Auf den Azoren gibt es zusätzlich zu den großen Inseln auch unbewohnte Eilande wie das Ilhéu de Vila Franca do Campo vor São Miguel.

DIE INSEL-WELTEN

Vulkane, Seen, Blumenmeere – Entdeckungen auf den Azoren, Madeira und Porto Santo.

37

DIE BLUMENINSEL DER AZOREN

IDYLLISCHES FLORES

Flores stimmt als Auftakt auf unseren Kapitelblock der Azoren ein. Zwischen Europa und Amerika aus Vulkanen entstanden, setzt sich der Archipel aus neun bewohnten Inseln zusammen. Jede Insel ist eine Welt für sich, keine wie die andere. So wie Flores, die Insel der Blumen, der Steilküsten, der Seen, der Wasserfälle.

Der Pfad zieht sich über Felsplatten durch den Forst, ein Zauberwald aus bemoosten Stämmen. Vögel zwitschern, aus der Tiefe dringt Flussrauschen. Die Sonne siebt Licht durch die Wipfel. Der Steinbelag ist schlüpfrig vom letzten Regenguss, an den Seiten wuchern Farne, leuchtgrüne Riesenblätter und Stauden gelbroter Schmetterlingsblumen. Am Ende des Anstiegs öffnet sich das Blatt- und Astwerk wie zu Schaufenstern, die den Blick auf den Poço da Alagoinha freigeben. Es ist ein Bergsee, über dem Felswände aufsteigen, mindestens 150 Meter hoch, teils dicht bewachsen, teils nackt in der Sonne gleißend. Mittendrin haben sich Wasserfälle ihre Wege gebahnt, ein gutes Dutzend stürzt durch das Grün hinab – ein wildes Schauspiel! Hier, im Westteil der Blumeninsel Flores, eine Viertelstunde Marsch vom Parkplatz an der Straße nach Fajã Grande entfernt, fühlt man sich im Einklang mit einer intakten, grandiosen Natur. Typisch Azoren.

Die Insel, so überschaubar sie mit 141 Quadratkilometern sein mag, ist ein Konzentrat für Naturfans und umzogen von Felseninseln wie Maria Vaz und Monchique, Steilabstürzen, Steinstränden, Buchten, Landzungen, Felsbögen, Felsenhöhlen. Dutzendfach buckelt sich das Grün in allen Nuancen auf. Erste Eindrücke verschafft der Anflug. Dann sieht man Kühe in der Nähe der Landebahn, dazu in Sichtweite der Flugzeuge Häuser und den Kirchturm der Hauptstadt Santa Cruz das Flores. Das sind gewöhnliche Bilder auf Flores, gelegen im Westteil des Archipels. Das Wort »beschaulich« trifft kaum den Kern. Alles geht seinen übermäßig geruhsamen Gang, da macht das provinzielle Santa Cruz das Flores keine Ausnahme. Die Geschäfte sind spärlich ausstaffiert. Die Bauwerke beschränken sich auf die Kirche und das einstige Kloster São Boaventura. Neben Häusern stehen Butangasflaschen. Frisch gewaschene Wäsche flattert im Wind.

Aquarelltöne in Grün und Blau

Auf der Insel warten lohnende Entdeckungen in allen Himmelsrichtungen. Motorisiert bewegt man sich relativ rasch von einem Punkt zum andern, denn die Insel ist lediglich 16,6 Kilometer lang und 12,2 Kilometer breit. Der Verkehr fließt spärlich. Der Wind spielt in Hortensien und trägt Möwengekreisch heran. Farne, Wacholdersträucher und Steinmäuerchen säumen die Straßen. Bergbäche plätschern. Die Blütenpracht wuchert wie Unkraut. Ein ums andere Mal eröffnen sich grandiose Ausblicke auf den Atlantik. Man hat den Eindruck, wie durch Aquarelle zu fahren, die Künstler mit viel Grün und Blau auf Leinwände aufgetragen haben. Die Einwohnerzahl ist von vormals 10 000 auf

← Auf Flores kleben über dem Poço da Alagoinha Wasserfälle regelrecht am Fels.

knapp 4000 abgesackt; in den 1960er-Jahren emigrierten viele Insulaner nach Kanada. Die Insel warf wirtschaftlich einfach nicht genug für alle ab. Da halfen auch Häuschen mit wunderbaren Meerblicken nichts.

Orgelpfeifen und sieben Seen

Eine Tour in den Süden zum Hafenort Lajes das Flores führt im Südwesten am Aussichtspunkt auf den Rocha dos Bordões vorbei, einem Highlight geologischer Formationen im gesamten Archipel. Der Basaltsäulenfels hoch über der Straße wirkt wie eine Erscheinung. Bis zu 30 Meter hoch sind die Säulen – sensationelle Orgelpfeifen! Die Felsen sind von Moosen und Flechten bewachsen.

Im Westen, in der Gegend um Fajã Grande, stürzen die spektakulärsten Wasserfälle ab, darunter die Cascata do Poço do Bacalhau, die bei starken Winden immer wieder ihren Fallwinkel ändert. Das Wasser zerstäubt und bewässert die Pflanzenwelt, darunter Farne, die hervorsprießen. Zwischen Fajã Grande und Ponta da Faja führt ein Fußweg parallel zu einem Bachlauf und über Wiesen etwas näher heran, um das Naturschauspiel des Falls zu betrachten. In der Tiefe formt er einen Pool. Wer länger hinaufschaut, holt sich fast die Nackenstarre.

Im Zentrum führt eine Piste in die kargen Highlands auf den Inselthron Morro Alto, 911 Meter hoch; weniger romantisch ist dessen Antennenkrönung. Oben ist es oft zugig. Vom Plateau aus hat man fast die ganze Insel im Blick und zusätzlich in der Ferne Corvo, das kleinste Eiland der Azoren.

Über das Hochland verteilen sich sieben Seen, die im Innern der Vulkankrater stecken. Sie sind nach ihren Charakteristika benannt, so wie der »Schwarze See« (Lagoa Negra), der »Weiße See« (Lagoa Branca) und der »Seichte See« (Lagoa Rasa). Sehenswert sind auch der »Tiefe See« (Lagoa Funda) und der »Lange See« (Lagoa Comprida).

»Land's End« im Norden und Wetterküche

Hoch im Norden rückt man in Ponta Delgada das Flores und der leuchtturmbesetzten Ponta da Albarnaz näher an Corvo heran. Das Sträßchen läuft nach kurviger Abfahrt in Ponta Delgada das Flores aus. Rinderwiesen ziehen sich bis in den Ort hinab, die ziegelgedeckten Häuschen wirken proper. In einem Vorgarten steht ein Esel, ein Stück weiter durchwühlt ein Schwein seine Parzelle. Es gibt eine Schule, ein Kulturzentrum, das Hafenbecken der Fischer – dort ist »Land's End«. Der Blick wandert an der Steilküste entlang. Corvo gerät außer Sicht. Dann schieben sich Regenvorhänge zwischen die Inseln, unterbrochen von dramatischen Lichtdomen, die über der gleißenden See stehen. Plötzlich kocht die Wetterküche auf großer Flamme, so wie man sich das von den Azoren vorstellt. Da verwandeln sich die Klischees in Wirklichkeit.

↖ Ein Stillleben aus Hortensien, Rindern und Wiesengrün auf Flores
← Wasser überall – im Gebiet der sieben Seen im Inland von Flores
↗ Die Kirche in der Inselhauptstadt Santa Cruz das Flores hebt sich vor dem Blau des Atlantiks ab.

INFO

AUSFLUG NACH CORVO

Je nach Wetterlage verkehren ab Santa Cruz das Flores Passagierboote zum Inselnachbarn Corvo, ein schöner Tagesausflug. Wer mag, bleibt länger. Vila do Corvo ist der einzige Ort.

BESUCHERINFORMATIONEN

Die offizielle touristische Website der Azoren ist auch auf Deutsch wählbar und erlaubt Suchen auf allen neun Inseln: www.visitazores.com
Ebenfalls hilfreich ist die privat unterhaltene Website: www.azoren-online.com
Von einem Reiseveranstalter betrieben, lassen sich auch von dieser gute Infos filtrieren: www.azoren.eu

Die Naturparks und eine Fülle an Beschreibungen von Wanderwegen (auf Englisch) führt die offizielle Naturpark-Seite auf: www.parquesnaturais.azores.gov.pt

KLASSE UNTERKUNFT

Im Inselwesten liegt Aldeia da Cuada, einst ein weit auseinandergezogenes Dorf auf einem Plateau über dem Meer. Dann wurde es verlassen und verwilderte, bevor Familie Silva jedes Stein- als Landgasthäuschen für Selbstversorger herzurichten begann. Ein echter Wohlfühlspot in der Einsamkeit.
Buchungen: www.booking.com
www.atlanticoline.pt

Eine fantastische Unterkunft ist die Aldeia da Cuada, auferstanden aus Ruinen und mit schönen Ausblicken.

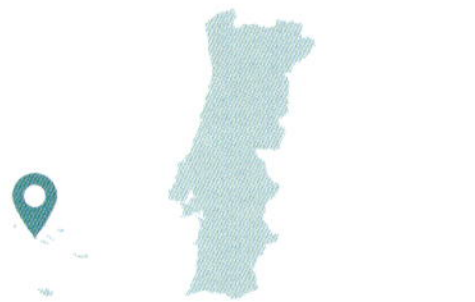

38

WHALE WATCHING AUF DEN AZOREN

DA BLÄST ER!

Früher waren die Azoren für die Waljagd bekannt, die Giganten der Meere lediglich schwimmende Fleisch- und Öllieferanten. Die Zeiten haben sich zum Glück gewandelt. Whale Watching zählt zu den aufregendsten Erlebnissen auf den Azoren, wobei Veranstalter und Teilnehmer einen Ethik-Kodex einhalten müssen.

Wal in Sicht!«, meldet Turmspäher Filipe per Handy. Minuten später schießt das Whale-Watching-Boot aus dem Hafen von Vila Franca do Campo im Süden der Insel São Miguel. Der Atlantik ist rau und gleißt im Morgensonnenlicht. Plötzlich tauchen Flossen und pigmentierte, silbrig glitzernde Körper auf, allerdings keine Riesen der Meere, eher Appetizer, Atlantische Fleckendelfine. Zehn, bald 20 Tiere umschwimmen die Bootsseiten, nehmen die Fotoparade ab, verschwinden. Verschwunden bleibt auch der vom Ausguck in den Inselhöhen São Miguels gesichtete Wal, bis der neue Anruf Filipes eingeht: ein Blas, gut zehn Seemeilen entfernt. »Haltet euch fest, das dauert!«, ruft Bootsführer Nuno seiner Passagierfracht zu und peitscht den Außenborder hoch.

Teufelsritt zum einsamen Seiwal

Ein Teufelsritt beginnt. Die Hände der Passagiere umklammern das Sitzgestänge. Wind und Wogen kommen von vorn. Ein, zwei Sekunden bleibt das Festrumpfschlauchboot Kamm nach Kamm in der Luft, bevor es hart in den Wellentälern aufschlägt. Jede Landung staucht in den Rücken. Hinten feiert jemand unüberhörbar Wiedersehen mit dem Frühstück, das der Fahrtwind davonträgt. Weit draußen ist die Höhe der Südostspitze von São Miguel erreicht, als Nuno das Tempo drosselt. Wal voraus. Da bläst er! »Ein Seiwal«, schreit Guide Melissa in den Wind, »der dürfte 15 Meter lang sein, ein typischer Durchzügler im Archipel.« Nuno schaltet kurz den Motor aus. Fotografieren? Schwierig. Das Boot dümpelt wie verrückt hin und her. Der Riese ist kein Springer und über 50 Meter entfernt. Eine respektable Distanz, die dem Walbeobachtungskodex entspricht. Nuno fährt wieder an. Die Bewegungen drohen auf den Magen zu schlagen. Der Kontrollblick zwischendurch aufs Display der Kamera zeigt – nichts. Nein, nichts stimmt nicht ganz. Himmel und See, teils verschwommen, aber ausnahmslos walfrei. So gilt die ganze Konzentration dem eigenen Gleichgewichtssinn und den Liveeindrücken vom Wal. Dessen Finne ist seitwärts geneigt, seine Tonnenschwere wirkt federleicht. Im Gegenlicht zerstäubt die Fontäne verbrauchter Luft. Dreimal noch zeigt er seinen Rücken, dann taucht er ab.

Wandel der Zeiten

Vom Walfang zum Walschutz, von der gnadenlosen Verfolgung zum Whale Watching. Dieser Geschichts-, Bewusstseins- und Gesetzeswandel im Sinne des internationalen Artenschutzes ist so lange nicht her. Erst in den 1980er-Jahren wurden auf der Insel Pico die letzten Pottwale zerteilt. Doch der Markt war erschöpft, die Zukunft

→ Der Blas der Wale verrät die Position – bei einstigen Waljagden nahm das ein tragisches Ende.

← Auf Ausgucks oben im Landesinnern verrichten Walspäher ihren Job und melden es an die Boote.
↙ Whale-Watching-Touren verlangen nach einem angemessenen Verhaltenskodex.
↘ Mit solchen PS-starken, leicht manövrierbaren Booten ist man gewöhnlich beim Whale Watching unterwegs.

nicht abzuwenden. Es war das Ende einer Ära, die in der zweiten Hälfte des 18. Jahrhunderts begonnen hatte, als Walfängerschiffe aus Nordamerika eintrafen, später auch aus England, angelockt von den reichen Beständen um die Inseln. Im Fortlauf des 19. Jahrhunderts erwachte auf Pico und Flores die eigene Waljagd, bei der sich Fischer, Bauern und Handwerker vorübergehend in Harpuniere und Powerruderer verwandelten.

Ein gefährliches Unterfangen, das immer wieder Menschenleben forderte und die Walverarbeitungsindustrie auf den Azoren hervorbrachte. Heute fungieren Fabriken als Museen, während auf manchen Hügeln die historischen Turmausgucke, *vigias*, unverändert genutzt werden: nicht, um die tödliche Meereshatz, sondern Ausflugsboote zu dirigieren. Alternativ bringen Unterwassermikrofone auf die Fährten der Wale.

Blutbäder für das flüssige Gold

Das flüssige Gold von einst war das Öl der Pottwale, ein exzellenter Brenn- und Schmierstoff und »dessen Export der Hauptgrund seiner Gewinnung«, liest man auf einer Tafel in der alten Walfabrik von Porto Pim, bis 1974 in Betrieb, nunmehr ein Museum. Als Sekundärprodukte fielen Fleisch- und Knochenmehle ab, die als Futterzusatzstoffe in der Rinderzucht und als Düngemittel Verwendung fanden. In Porto Pim durchstreift man Hallen mit ihrem alten Inventar. Kocher für Speck und Knochen, Fleischwolf, Dampferzeuger, Siebanlage. Hier, an der Südostküste von Faial, wurde alles frisch verarbeitet, das getötete Tier von der unterliegenden Bucht heraufgezogen und gleich neben dem Gebäude zerteilt. Die Abläufe waren bestens durchdacht, die Wege kurz, die Gerüche barbarisch. Beim Austritt auf die Anlieferplattform im Hinterhof fällt der Blick auf die Rampe, die Winden, den benachbarten Schlot. Und auf den Boden, wo kleine Kanäle das Walblut auffingen, das in einen Sammeltank kam, mit Kalk zu einer Paste vermischt und letztlich getrocknet zu Mehl verarbeitet wurde. Diese Blutbäder auf den Azoren sind glücklicherweise Geschichte, die Wale nicht verschwunden. Ein Whale Watching steht für die friedliche Art der Betrachtung und die Würdigung der Meeresgiganten in ihren altangestammten Lebensräumen.

24 dokumentierte Walarten

Beim Whale Watching gibt es eine fast hundertprozentige Garantie der Sichtungen – aber eben nur fast. Der Seiwal war bei der heutigen Ausfahrt die einzige Ausbeute. In den Gewässern um die Azoren sind insgesamt 24 Walarten dokumentiert, was etwa einem Drittel weltweit entspricht, so heißt es den offiziellen Angaben zufolge. Einige tonnenschwere Arten leben dauerhaft hier, andere befinden sich nur auf ihrem Durchzug. Vertreten sind unter anderem Blau-, Finn- und Pottwale.

INFO

ETHIK-KODEX

Whale Watching ist nicht frei von Bedenken zum Schutz der Tiere – schließlich dringt der Mensch in deren Lebensraum ein. Deswegen wurde schon vor Jahren ein Ethik-Kodex ausgearbeitet, der für Boote besagt, unter keinen Umständen die Fortbewegungsrichtung der Wale zu kreuzen. Es gilt, einen Mindestabstand von 50 Metern einzuhalten und sogar 100 Meter, sofern Jungtiere im Spiel sind. Die maximale Beobachtungszeit für ein Whale-Watching-Boot beträgt eine halbe Stunde, beim selben Tier sind es zehn Minuten.

WALE BEOBACHTEN

Prinzipiell ist es in der Inselwelt möglich, Wale ganzjährig zu beobachten. Experten zufolge können Blauwale am besten gegen Ende des Winters gesichtet werden, Pott-, Sei- und Bartwale hauptsächlich im Sommer.

Whale-Watching-Touren dauern im Schnitt zweieinhalb bis drei Stunden. Die Sichtungswahrscheinlichkeit bei Ausfahrten liegt bei 98 Prozent – manche Veranstalter geben sogar eine Geld-zurück-Garantie oder bieten einen erneuten Versuch an.

Veranstalter Seabreeze Travel: www.seabreeze.travel/azoren/whalewatching
www.azoreswhalewatch.com

Es braucht Zeit, Geduld und teils weite Ausfahrtswege, bis ein Wal gesichtet wird.

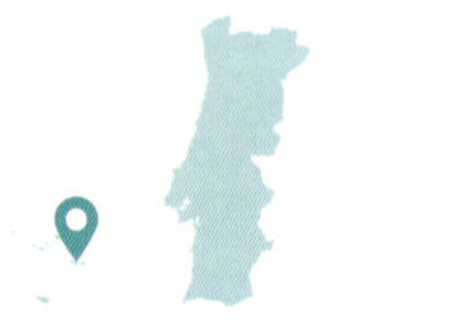

39

AZOREN-INSEL SÃO MIGUEL

WO DIE ERDE KOCHT

São Miguel ist die größte und vielfältigste Insel der Azoren, gehörig zur östlichen Inselgruppe. Da sprudeln heiße Quellen, blubbern Schlammlöcher, kocht das Erdinnerste und schickt seine Rauchzeichen empor, so wie im Tal von Furnas. An dessen Seerand spielt der Wind mit dem Dampf, es riecht narkotisierend nach Schwefel.

Weite Welt und Provinz kreuzen sich in Ponta Delgada, der Inselhauptstadt von São Miguel, dem Verkehrsknotenpunkt für Luft-, Land- und Seewege. Im Hafen finden Containerschiffe und Kreuzfahrtriesen zusammen, um den Hauptplatz und die Kirche legt sich ein freundliches Straßengeflecht. Nach Ehrfurcht verlangt der »Wunderchristus« Santo Cristo dos Milagres. Im urbanen Rücken steigen die Gassen bis zum Park António Borges an, zwischen Palmen und Bambus ein Hort für Romantiker. So richtig in den Bann der Natur gerät man außerhalb von Ponta Delgada, muss sich jedoch vor Augen halten: Die Insel ist 747 Quadratkilometer groß, das Straßennetz weit verästelt und kurvig. Für Entdeckungen sollte man mehrere Tage einplanen.

Vulkanismus live und in Farbe

Sicheltannen und Hortensien sind Begleiter bei einer Inseltour. An der Nordküste liegen die Teeplantagen bei Porto Formoso und der winzige Fischerhafen von Capelas. Highlight ist der riesige Einsturzkrater von Sete Cidades im Westen, gefüllt mit dem gleichnamigen Ort, Wiesen, Wäldern und dem blaugrünen Seendoppel aus Lagoa Azul und Lagoa Verde. Das Panorama am Aussichtspunkt Vista do Rei ist nicht zu toppen. Auf Rinderwiesen beherrschen die Tiere die angeborene Kunst, gleichzeitig zu fressen und sich von Altlasten zu befreien.

Im Süden sind ab Vila Franca do Campo Ausfahrten zum Whale Watching möglich. Im Ostteil steht das Tal von Furnas für die beispiellose Urgewalt der Natur. Dampfsäulen steigen auf. Überall blubbert und brodelt und kocht die Erde, die sich schon die Altvordern zunutze machten, um in Open-Air-Einlasslöchern ihren Eintopf *(cozido)* zu garen. Das ist Vulkanismus live und in Farbe – und geruchsintensiv nach Schwefel.

Eisenhaltige Quellen speisen in Furnas die Badebecken des Poça da Dona Beija. Ein schöneres Wellnesserlebnis gibt es kaum, vorbildlich in die Natur integriert. Da bringt man Körper und Geist in Einklang. Die natürlichen Wasser regen den Blutkreislauf an, helfen bei Hautkrankheiten, reduzieren Stress und Schmerz.

Deutlich kühler ist der Thermalpool Caldeira Velha, ein Zauberteich im Herzen der Insel zwischen Ribeira Grande und dem »Feuersee« Lagoa do Fogo. Alleine die Baumfarne der Umgebung sind diesen Abstecher wert.

← Im Tal von Furnas setzt die Insel São Miguel ihre ganz besonderen Rauchzeichen, Belege für lebendigen Vulkanismus.
↓ Zusatzreize auf der Insel São Miguel: Da kann man sich genüsslich in Thermalquellen aalen.

INFO

DAS THERMALPARADIES

Das Areal von Poça da Dona Beija preist sich zu Recht als »Thermalparadies« an. Es hat täglich von 8.30–23 Uhr geöffnet und bei Dunkelheit einen Zusatzreiz; die Pools schließen allerdings um 22.30 Uhr. Nach einem Aufenthalt fühlt man sich tatsächlich wie neugeboren. Die Tickets (online erhältlich) sind 90 Minuten lang gültig.
www.pocadadonabeija.com

DIE LEGENDE DER SEEN

Folgt man der Legende, formten sich der »Blaue See« Lagoa Azul und der »Grüne See« Lagoa Verde aus Tränen. Diese wurden bei der tragischen Geschichte um eine verbotene Liebe zwischen einer Prinzessin und einem Hirtenjungen vergossen. Das Seendoppel wird gerne als eines der sieben Naturwunder Portugals vermarktet.

40

AZOREN-INSEL FAIAL

DER KRATERTRAIL

Im Hochland von Faial spuckte die Caldeira, der gigantische Krater, einst Lava. Heute liegt er friedlich da, als sei nie etwas gewesen. Zeit für eine der schönsten Unternehmungen auf der Insel: eine knapp sieben Kilometer lange Wandertour, einmal herum um den Krater. Dramatisch fallen die Steilflanken Hunderte Meter tief ab.

Die Caldeira ruft! Genauer gesagt: der knapp sieben Kilometer lange Trail, der im Hochland Faials einmal um den riesigen Krater herumführt. Also: hinauf zum Parkplatz am Aussichtspunkt fahren, Wanderstiefel schnüren. Aufbruch. Vorausgesetzt, das Wetter spielt mit und verheißt keine Sturzregenfälle. Dann wird es zu schlüpfrig.

Morgendunst lastet über dem Kessel, in der Ferne ist der Vulkan der Nachbarinsel Pico hinter Nebelwänden nur zu erahnen. Wer dem Trail im Uhrzeigersinn folgt, marschiert zu Beginn über taubesetzte Wiesen aufwärts auf Antennenmasten zu – störende Auswüchse von dem, was wir Zivilisation nennen. Aus dem Boden sprießen kleine Farne, gut gedüngt durch Pferdeäpfel. Später geht's über Grasbuckel und unablässig am Blau von Hortensienhecken entlang, die sich an die oberen Kraterränder klammern und eine Art Schutzwall zu den Abstürzen formen.

Die Caldeira hat einen Durchmesser von etwa zwei Kilometern und wurde nicht auf einen Schlag geformt, sondern durch diverse Eruptionen, unterbrochen von Ruhephasen. Die Tiefen sind mit Grün und kleinen Seeflächen gefüllt. Bis zu 400 Meter fallen die schrundigen Steilflanken ab. Das Ganze ist ein wertvolles Naturschutzgebiet. Typisch für die Vegetation sind Baumheide, Sicheltannen, Kurzblättriger Wacholder, Azoren-Heidelbeeren und die zu den Doldenblütlern zählenden Engelwurzen.

Fantastische Fernblicke

Der Dunst lichtet sich langsam. Unterwegs bricht die Sonne durch und überflutet das Küstentiefland, das sich mit Wiesenteppichen und weißen Häusern ausdehnt. Der Pfad ist gut markiert und problemlos begehbar. Kuhfladen pflastern den Grasweg. Kurzzeitig versperren ein Rind und zwei Kälber den Weg. Zweibeiner sind heute nicht unterwegs. Wunderbar einsam ist es, die Höhenluft frisch und unverbraucht – Wellness für Lungen und Seele. Unten kräuselt der Wind die glitzernde Fläche des Hauptkratersees. Bedrohlich nah am Kraterrand geht es zum Glück nicht entlang.

Hortensien erreichen Übermannshöhe. Ein Hain aus Sicheltannen leuchtet hellgrün. Der Blick fällt hinab auf die Küstenebene von Horta und hinüber auf den Pico, der sich nun in ganzer Allgewalt zeigt – freigepustet von Wolken. Es geht dem Ende entgegen. Der Kreis schließt sich. Die Motorengeräusche auf dem Parkplatz sind ein Kulturschock.

INFO

DETAILS ZUM TRAIL

Unter dem Link www.trails.visitazores.com/de/wanderwege-der-azoren/faial/caldeira findet man auf Deutsch hilfreiche Details zur Kraterrundwanderung und auch ein Höhenprofil. Der Schwierigkeitsgrad wird von der Naturschutzbehörde mit leicht angegeben, die Wanderzeit mit zweieinhalb Stunden. Erfahrene Wanderer brauchen weniger – aber man will ja nicht hetzen. Die Höhen verlaufen zwischen 840 und 1043 Metern. Wasser, Proviant und sicherheitshalber Regenschutz nicht vergessen!

ANSPRUCHSVOLLE WANDERUNG

Wer eine richtig anspruchsvolle Wanderstrecke sucht, startet ebenfalls im Hochland an der Caldeira auf den »Zehn-Vulkane-Trail«, auf Portugiesisch Trilho dos Dez Vulcões. Dieser ist 19,3 Kilometer lang, auf denen man die Westseite der Insel hinuntersteigt. Der Weg endet auf Meereshöhe in der Vulkanlandschaft von Capelinhos im äußersten Westen.
www.trail.visitazores.com/de/wanderwege-der-azoren/faial/dez-vulcoes

← Einmal herum um den Krater, die Caldeira – so verläuft der Trail im Hochland von Faial, auf dem man fantastische Panoramen genießt.
↑ Auf dem Trail kann es sein, dass er auch mal von vierbeinigen Ausflüglern genutzt wird …

41

CAPELINHOS

FAIALS NEUER VULKAN

Wer schon immer auf den Mond wollte, kann sich die Reise sparen und stattdessen den äußersten Westen Faials vornehmen. Die Ende der 1950er-Jahre entstandene Vulkan- ist eine echte Mondlandschaft und mit dem Fahrzeug leicht erreichbar. Die Szenerie ist unwirtlich, Erd- und Felsentöne zerfließen von Braun in Grau.

Tagelang hatte die Erde gezittert, ließ das Schlimmste befürchten und die Spannung und Anspannung steigen. Dann begann sich am Morgen des 27. September 1957 das Erdinnerste vor der Westspitze von Faial zu entladen, gut einen Kilometer von der Küste entfernt. Fortan stiegen Rauch und Feuer aus dem Meer, Wasserdampf, Asche, Gase, Lava. Über einen Zeitraum von 13 Monaten tobten fortan die Naturgewalten und flößten den Menschen Angst und Schrecken ein.

Wie alles zum Vorschein kam

Die Abfolge submariner Ausbrüche brachte vorübergehend ein Inselchen namens Ilha Nova hervor, das wieder verschwand, ehe von See her ein komplexes Erdgebilde heranwuchs und sich über einen Isthmus mit Faial verband. Der Unterwasser- wurde zum Landvulkan und buckelte sich am höchsten Punkt 160 Meter auf: Capelinhos. Bis er Ende Oktober 1958 in einen Schlaf fiel, der bis in die Gegenwart andauert, lieferten seine Entstehungsphasen der Wissenschaft ein nie da gewesenes Lehrmaterial. Derweil erbebte der Inselboden noch ein ums andere Mal. Beißend roch es nach Schwefel. Häuser wurden zerstört. Ascheschichten legten sich über den Leuchtturm, Straßen, Wiesen und Viehweiden. Obgleich der zum Vorschein gekommene Neuvulkan niemanden in den Tod riss, lebten die Menschen in Angst und Schrecken – oder kehrten ihrer Heimat den Rücken. Viele Bewohner sagen ihrer Insel »*Adeus*« und verließen Faial in Richtung Nordamerika.

Der Vulkan Capelinhos ist der jüngste in der jahrmillionenalten Geburtsgeschichte der Azoren. Er erweiterte Faial um zweieinhalb Quadratkilometer, hat mittlerweile durch Erosion jedoch einen Teil eingebüßt.

Noch immer hängt Asche in der Luft und kann schmerzhaft in die Augen dringen. Der Wind treibt feinste Partikel vor sich her, peitscht Gesicht und Beine, verwandelt die Haare in Haarstroh.

Der Leuchtturm erhebt sich wie ein einsamer Wächter aus der Landschaft. Die Szenerie rundherum am Atlantik ist schroff, geprägt von Braun- und Grautönen – welch ein Kontrast zum Grün, das ansonsten die Azoren beherrscht! Doch auch hier haben Pflänzchen Leben in die Mondlandschaft gebracht, Seeschwalben und Gelbschnabel-Sturmtaucher ihre Niststätten gefunden. Die Geschichte von Capelinhos ist eine Geschichte von Zerstörung und Neubeginn.

← Anhaltspunkt in der Vulkanlandschaft von Capelinhos ist der Leuchtturm, unter dem sich das Interpretationszentrum befindet.
↓ Die Kaimauern in Horta sind mit Kunstwerken eingetroffener Atlantiküberquerer dekoriert.

INFO

DAS INTERPRETATIONSZENTRUM
Im Untergrund des Leuchtturms verbirgt sich das moderne Interpretationszentrum zum Vulkan Capelinhos (Centro de Interpretação do Vulcão dos Capelinhos). Es ist ein Museum, das die Anfänge und Entwicklung des Inselfortsatzes erklärt. Öffnungszeiten: April bis Oktober täglich 9–18 Uhr, November bis März nur Di–Sa 9–17 Uhr. Der gehobene Eintrittspreis beträgt zehn Euro.

»FARBENPRÄCHTIGSTE MARINA DER WELT«
Weitere Highlights auf der 173 Quadratkilometer großen Insel Faial sind der Strand von Almoxarife im Osten, der Kraterkessel Caldeira im Hochland und die historische Walfabrik von Porto Pim (Museum). Für die Hauptstadt Horta, Station von Atlantikseglern, stellt das Portugiesische Fremdenverkehrsamt »die farbenprächtigste Marina der Welt« heraus. Ankömmlinge bepinseln kunstvoll die Kaimauern. Traditioneller Treff ist das Peter Café Sport. www.petercafesport.com

42

AZOREN-INSEL PICO

MEHR ALS NUR DER VULKANGIGANT

Er steigt majestätisch aus dem Atlantik, beherrscht die Insel, beansprucht alle Blicke für sich und ist oft ein Wolkenmagnet: der 2351 Meter hohe Vulkangigant Ponta do Pico, von dem sich der Inselname Pico ableitet. Spannend ist es auf Pico nicht nur über, sondern auch unter der Erde beim vulkanischen Erbe.

Pico« heißt Spitze – und auf diese treibt es der gleichnamige Bilderbuchvulkan, der fast unwirklich aus dem Meer steigt, 2351 Meter hoch. Damit ist er nicht nur auf den Azoren unerreicht, sondern gleichzeitig Portugals höchster Gipfel. Oft trägt der erloschene Riese Wolkenkränze oder hüllt sich vollends in Watte; Wetterwechsel machen den anstrengenden Aufstieg, der im Hochland beim »Mountain House« beginnt und etwa drei Stunden dauert, stets riskant. Doch die 445 Quadratkilometer umspannende Insel Pico bietet reichlich Entdeckungspotenzial anderer Art.

Entdeckungen auf der Insel

Auf Pico reicht die Bandbreite von Bootsausfahrten zur Walbeobachtung über das einsame Seenland des Ostens bis zum Walfangmuseum im nördlichen São Roque do Pico. Eine Besonderheit ist der Weinbau: Miniparzellen auf Lavagrund, umzogen von aufgeschichteten Lavamauern, Welterbe der UNESCO. Die schönsten dieser Kleinlabyrinthe dehnen sich im Inselwesten südlich des Hafenortes Madalena aus, wo das Küstensträßchen gleichzeitig zu einem traumhaften Badeplatz am Atlantik führt. Piscina da Criação Velha nennen die Einheimischen diesen Naturlavapool. Metallleitern erleichtern den Einstieg. Im Becken tummeln sich Fische – Schnorchel nicht vergessen. Über die Küstenfelsen hinweg schweift der Blick hinüber nach Faial. Ein herrliches Fleckchen Erde, vor allem bei Sonnenuntergang.

»Wild Place« im Untergrund

Ein spektakulärer »Wild Place« im Untergrund ist die Gruta das Torres, einer von 250 Lavagrottenkomplexen im Archipel, verborgen in Picos Westteil. »Unser geführter Rundgang ist als ›Typ Expedition‹ aufgezogen, ein bisschen Abenteuer, so, als wärt ihr die Ersten«, stimmt Guide Maria am Eingang auf den Besuch ein. Auf einen Kurzvortrag folgt für die Teilnehmer die Verteilung von Taschenlampen und Helmen mit ihren Hygienehäubchen. Führungen sind obligatorisch und dauern gewöhnlich zwischen 60 und 90 Minuten. Die Teilnehmerzahl ist begrenzt.

Der Besuch gibt eine anschauliche Lektion in Geologie. Der Lavatunnel bildete sich vor etwa 1500 Jahren. Unterwegs zucken die Taschenlampenlichter über düstere Wände, Lavamuster und Fantasieformationen wie »Drachenpanzer« und »Walfisch«. Ein Durchgang verlangt nach Duckhaltung und der scharfkantige Boden von Beginn an nach angemessenem Schuhwerk mit dicken Sohlen.

INFO

GRUTA DAS TORRES
Einstiegspunkt ist das Besucherzentrum (Centro de Visitantes da Gruta das Torres), das zu folgenden Zeiten öffnet: Mai bis Oktober täglich 9–12.30 und 13.30–18 Uhr, von November bis April nur Di–Sa 9–12.30 und 13.30–17 Uhr. Die Führungen starten immer um 9.30, 11, 14 und 15.30 Uhr, zwischen Mai und Oktober zusätzlich um 16 Uhr. Sprachen sind Portugiesisch und Englisch; maximal 15 Teilnehmer.

GUTER STÜTZPUNKT
Ein guter Inselstützpunkt ist Lajes do Pico an der Südküste. Der Ort punktet mit dem Hafen und einer kleinen Einkehrzone, dem Walfangmuseum und netten Unterkünften wie dem Aldeia da Fonte Vintage Nature Hotel.
Caminho de Baixo, Tel. +351/292 67 95 00,
www.aldeiadafonte.com

← Der Vulkangigant Pico steigt fast wie eine Erscheinung aus dem Atlantik und wird oftmals von Wolken umspielt.
↑ Helme auf, und ab in die Unterwelt – Besuch der Gruta das Torres.

43

AZOREN-INSEL TERCEIRA

DAS WILDE NATURERBE

Besonders beeindruckend auf der 400 Quadratkilometer großen Insel Terceira ist es, von der Bildfläche zu verschwinden: unterirdisch im Algar do Carvão, einem erstarrten Lavaschlot. Dort brodelte bis vor 1700 Jahren die Erde. Über der Erde sticht das Fumarolenfeld Furnas do Enxofre als »Wild Place« im Hochland heraus.

Wer auf Terceiras Flughafen ankommt und die Autobahn in die Hauptstadt Angra do Heroísmo einschlägt, mag der Insel die Idylle und Wildheit absprechen – doch das wäre vorschnell und ungerecht. Immerhin verteilen sich über die 400 Quadratkilometer umfassende Insel Lavabadepools wie Biscoitos und weitere Perlen der Natur. Weltgeschichte hat Terceira nicht geschrieben, doch 1499 landete der Entdecker Vasco da Gama nach seiner Indienreise glücklich hier und deckte sich mit Frischwasser, Nahrung und Neuigkeiten ein. Einige Tage blieben seinen Männern Zeit, Kräfte zu schöpfen, nachdem sie beim Kurs auf die Azoren erkrankt und wegen ausgegangenen Proviants gezwungen gewesen waren, verwurmten Zwieback und die Hunde und Katzen an Bord zu essen. Für die Schönheiten der Natur dürften sie keinen Blick gehabt haben.

Nachfolgend ein kleiner Leitfaden zur Entdeckung mit vier Tipps: dem »Entensee«, dem Fumarolenfeld Furnas do Enxofre, der »Weihnachtsgrotte« Gruta do Natal und dem »leeren« Vulkanschlot Algar do Carvão.

← Algar do Carvão auf Terceira: Treppen führen abwärts in den dunklen, feuchten und bewachsenen Vulkanschlot.

Pittoresk im Hochland ist der in Richtung Santa Bárbara gelegene »Entensee« Lagoa das Patas, der seinem Namen mit den gefiederten Bewohnern alle Ehren macht. Der See ist künstlich angelegt und wird von Quellen aus der Serra de Santa Bárbara gespeist; im dortigen Gebirgsmassiv erreicht Terceira mit 1021 Metern seinen höchsten Punkt. Im Gebiet um den »Entensee« wachsen Sicheltannen, Hortensien, Azaleen.

Das Fumarolenfeld Furnas do Enxofre

Im Areal von Furnas do Enxofre streift man auf einem vorgegebenen Weg umher, der den Menschen davon abhält, das ökologische Gleichgewicht zu schädigen. Der Pfad bewahrt aus Sicherheits- und Naturschutzgründen eine respektable Distanz zu jenen Stellen, aus denen das Innere der Erde Rauchzeichen schickt. Schließlich treten manche Fumarolen mit einer Temperatur von 95 Grad Celsius aus; einen halben Meter tiefer kann das Ganze sogar 130 Grad Celsius betragen. Es herrscht starker Schwefelgeruch. Die Gase sind aber nicht so konzentriert, als dass sie die Gesundheit schädigen würden; Wissenschaftler der Universität der Azoren unterhalten eine Messstation.

Das typische Vulkangestein ist Trachyt. Nicht minder interessant sind die Blicke in die Berge und die umliegende Vegetation mit Lorbeerwäldern, Farnen, Heidekraut.

Gruta do Natal – die »Weihnachtsgrotte«

Ein Ausflug zum Fumarolenfeld lässt sich gut mit Besuchen der Gruta do Natal und des Algar do Carvão kombinieren. Bei einem kleinen See, Lagoa do Negro, liegt der Abgang zur »Weihnachtsgrotte«, der Gruta do Natal, ein Beispiel für einen erstarrten Lavakanal. Er ist 700 Meter lang. Erkennbar im Innern sind verschiedene Arten von Lavaflüssen. Wegen des scharfkantigen Untergrunds gilt es, Schuhwerk mit dicken Sohlen zu tragen. Obgleich es sich nicht um eine Tropfsteinhöhle handelt, bekommt man manchmal einige Tropfen ab.

Die »Montanheiros«-Vereinigung der Berg- und Höhlenfreunde organisierte am Weihnachtstag 1969 eine erste Messe im Innern, daher der Name der Grotte. Im selben Jahr wurde sie für Besucher freigegeben und zu diesem Zweck eine erste Holztreppe gebaut sowie ein Beleuchtungssystem installiert. In ihren Anfängen hatte die Höhle zunächst »Schwarze Galerie« (Galeria Negra) und später »Pferdegrotte« (Gruta do Cavalo) geheißen, da man die Reste eines hinabgestürzten Pferdes entdeckt hatte. Die Grotte liegt im Naturschutzgebiet Serra de Santa Bárbara und Mistérios Negros; den Altarbereich in der Höhle darf man als deplatziert empfinden.

Algar do Carvão – der »leere« Vulkan

Einen deutlich höheren Erlebniswert als die »Weihnachtsgrotte« hat das Naturwunder des Algar do Carvão. Es handelt sich um einen begehbaren »leeren« Vulkan, gelegen auf einer Höhe von etwa 550 Metern. Es ist ein regelrechter »Lavadom«, wenn man so will, eine Kathedrale lange vergangener Naturgewalten.

Folgt man der offiziellen Beschreibung, verdankt der Algar do Carvão seinen Ursprung zwei verschiedenen Entstehungsphasen. Ein Teil des Vulkans besteht aus einem schlackehaltigen Kegel, der vor etwa 1700 bis 2100 Jahren aktiv war. Das heißt: Hier kochte zu Beginn unserer Zeitrechnung von Christi Geburt so richtig die Erde. Andererseits hatte sich vor ungefähr 3200 Jahren der größere und ältere Teil dieses Vulkans in dicken Lavaverläufen aus trachytischer Beschaffenheit entwickelt. Zu den aktiven Zeiten des Vulkans Algar do Carvão, so heißt es, wurden sehr flüssige basaltische Lavaverläufe ausgestoßen, die insgesamt eine Fläche von 16 Quadratkilometern bedeckten, einschließlich des Kessels des Vulkans Guilherme Moniz.

Den ersten Abstieg mithilfe von Seilen wagte im Jahr 1893 ein gewisser Candido Corvelo. Heute ist es für Besucher bequemer. In den Vulkanschlot leiten hineingekeilte Treppen hinab. Die Wände des natürlichen Schornsteins sind mit Moosen und Farnen bewachsen. Unten steigt Kühle von einem See auf, dessen Tiefe je nach Jahreszeit variiert; Regenfälle und Unterwasserquellen sorgen für Nachschub. Wissenschaftler haben in der vulkanischen Unterwelt zwei endemische Spinnenarten entdeckt, dazu eine Tausendfüßler- und eine Käferart.

↖ Im Innern der Gruta do Natal im Hochland Insel Terceira
← Der sogenannte »Entensee« Lagoa das Patas ist ein weiteres Ziel im Hochland von Terceira.
↗ Hier steht die Insel Terceira so richtig unter Dampf und macht bei Besuchern Eindruck: mit dem Fumarolenfeld Furnas do Enxofre.

INFO

BESUCHE IN DER UNTERWELT

Algar do Carvão und Gruta do Natal öffnen zu folgenden Zeiten: Oktober bis März Di, Mi, Fr und Sa jeweils 14.30–17 Uhr, April und Mai täglich 14.30–17 Uhr, Juni bis September täglich 14–18 Uhr. Es gibt für beide Naturstätten ein preisreduziertes Kombiticket. Weitere Infos, auch mit dem Download von Broschüren in mehreren Sprachen, unter www.montanheiros.com; die weiterführenden Links lauten www.montanheiros.com/algarcarvao und www.montanheiros.com/gruta-do-natal.

DAS KULTURELLE ERBE

Terceiras Kulturerbe wird angeführt von Dutzenden farbig bemalten Heilig-Geist-Kapellen sowie der Inselhauptstadt Angra do Heroísmo, einem geschichtsträchtigen Seefahrerhafen mit Festungsmauern, Kirchen, Klöstern, Adelshäusern und kopfsteingepflasterten Gassen. Ab Ostern finden auf der Insel diverse Heilig-Geist-Feste statt, Anfang Oktober ist Angra do Heroísmo Schauplatz eines internationalen Jazzfestivals. www.angrajazz.com

WEITERE INFOS

www.exploreterceira.com

Die bunten Heilig-Geist-Kapellen sind die Wahrzeichen des Glaubens auf Terceira.

Im bewachsenen Vulkanschlot Algar do Carvão auf Terceira gilt es, den richtigen Blickwinkel einzunehmen: senkrecht nach oben.

44

AZOREN-INSEL GRACIOSA

IM REICH DER RUHE

»Die Anmutige« – so lässt sich der Name Graciosa übersetzen. Es ist die mit maximal 402 Höhenmetern niedrigste Azoren-Insel, wo man sich gleich nach der Ankunft von Ruhe umfangen fühlt. Naturhighlights sind der Kraterkessel und die Schwefelhöhle Furna do Enxofre, typisch die Lavaküste und dünn besiedelte Gegenden.

Der Magnet im Südosten der Insel ist die Caldeira, der Kraterkessel, der mit dichtem Bewuchs gefüllt ist. Bei Canada Longa führt ein Sträßchen durch einen Tunnel. Im Kratergrund wachsen Sicheltannen, Schwarzholz-Akazien, Eukalyptus, Gagelbäume. Doch das ist nicht alles in der Caldeira, es gibt Nachschlag: Furna do Enxofre, die vulkanisch entstandene Schwefelhöhle. Dieser »Wild Place« liegt wieder einmal unter der Erde.

Eine unheimliche Stille

Einstiegspunkt in die Furna do Enxofre ist das Besucherzentrum. Die Treppe windet sich über 183 Stufen abwärts. Die Schwefelhöhle hält, was ihr Name verspricht. Ein starker Schwefelgeruch schlägt entgegen. Die Höhle ist 194 Meter lang und maximal 50 Meter hoch. Felsen sind in Grün und Orange ausgeleuchtet. Der unterirdische See, der eine Tiefe von elf Metern hat, liegt regelrecht verwunschen da. In die unheimliche Stille mischen sich das Tropfen von Wasser und ein Blubbern. Zauberstimmung im Tiefinnern der Erde. Nach oben hin zeigt die vulkanische Öffnung als moosumkränztes Riesenfenster in den Himmel.

Warmes und kühles Wasser

Über der Erde bleibt auf den 61 Quadratkilometern von Graciosa alles überschaubar. Hauptort ist Santa Cruz da Graciosa, ein Spiegel der Bescheidenheit der Insel, deren Name auf Deutsch übersetzt »die Anmutige« bedeutet. Als Ziel im Süden wartet Carapacho. Die Wasser in der kleinen Thermalanlage sollen bei dermatologischen und rheumatischen Erkrankungen helfen. Auch der kühle Atlantik tut gut, das Meeresbadebecken von Carapacho wird stets frisch gespeist. Im Hintergrund zeichnet sich eine Felseninsel ab, Ilhéu de Baixo, ein Refugium für Seevögel wie Seeschwalben, Sturmtaucher, den Madeirawellenläufer und den Azoren-Wellenläufer. Unter Wasser kommen Atlantische Lippfische, Braune Zackenbarsche, Langusten und die sogenannten Azoren-Seepocken vor.

Hoch im Norden führt der Weg zum Aussichtspunkt am Leuchtturm über der Ponta da Barca. Die Lavaküste ist rau, mühsam die Bewirtschaftung von Weinbauparzellen zwischen aufgeschichteten Steinmäuerchen. Agaven ziehen sich über Hänge hoch. Der Westen ist gar nicht bis dünn besiedelt, auf einer Wiese beim Dorf Ribereinha steht ein einsames Pferd. Es sind Bilder wie diese, die eine unglaubliche Ruhe verströmen und Graciosa so sympathisch machen.

← »Wild Places« in urwüchsigen Formen von Klippen und Felsformationen finden sich im Norden der Insel Graciosa.
↓ Graciosa bringt mit der entspannten Stimmung nur gemächlich auf Trab.

INFO

HÖHLENBESUCH
Das modern aufgezogene Besucherzentrum der Höhle (Centro de Visitantes da Furna do Enxofre) öffnet von April bis Oktober täglich 9–17 Uhr, zwischen November und März nur Di–Sa 9–17 Uhr. Vor oder nach dem Abgang kann man sich die Dauerausstellung zum Thema der vulkanisch entstandenen Höhle ansehen.

STANDQUARTIER
Ein guter Stützpunkt für den Inselaufenthalt liegt am Ostrand des Hauptorts Santa Cruz da Graciosa: das Inatel Graciosa Hotel. Hier bettet man sich komfortabel unter vier Sternen. Die Balkon- und Fensterfronten des Flachbaus zeigen in Richtung Pool und Meer. Mit 44 Zimmern ist die Anlage kein Ziel von Massenbetrieb – typisch Graciosa.
Porto da Barra, Tel. +351/295 73 05 00,
www.hoteis.inatel.pt

45

WELTNATURERBE

MADEIRAS LORBEERWÄLDER

Lorbeerwälder bedecken etwa ein Fünftel der Fläche von Madeira und sind sowohl auf der Nord- als auch auf der Südseite der Insel zu finden. In ihrer Gesamtheit hat die UNESCO sie zum Weltnaturerbe deklariert. Es sind regelrecht mystische Forstlandschaften, die sich vor allem bei Wanderungen erkunden lassen.

Die Insel Madeira ist stolze Hüterin eines Umwelterbes von unschätzbarem Wert: Der etwa 20 Millionen Jahre alte Lorbeerwald stammt aus dem Miozän und Pliozän des Tertiärs. Dennoch scheinen die Spuren der Zeit, die ihn zu einem ›lebenden Fossil‹ machen, seine lebendige Energie nicht zu beeinträchtigen.« So stimmt der Tourismusverband auf die feuchten und subtropischen Lorbeerwälder ein, die in aller Stille Brücken bauen zwischen Geschichte und Gegenwart. In ferner Vergangenheit, so liest man weiter, waren Lorbeerwälder in ganz Südeuropa und Nordafrika verbreitet, doch nach den klimatischen Veränderungen, die durch die erdgeschichtliche Entstehung des Mittelmeers ausgelöst wurden, fand der Forst einen seiner letzten Zufluchtsorte auf Madeira. Dort nimmt er heute etwa 15 000 Hektar und damit ungefähr 20 Prozent der Gesamtfläche der Insel ein. Es handelt sich mehrheitlich um Primärforst.

Reichtum an ökologischen Nischen

Auf Madeiras Nordseite wachsen die Wälder in Höhen zwischen 300 und 1300 Metern, auf der Südseite zwischen 700 und 1200 Metern. Sie sind teilweise einige Hundert Jahre alt und zählen seit 1999 zum Weltnaturerbe der UNESCO. Der Lorbeerwald *(Laurisilva)*, so hieß es seinerzeit in der Begründung der UNESCO, zeige einen Reichtum an ökologischen Nischen und intakten Ökosystemprozessen und spiele eine vorherrschende Rolle bei der hydrologischen Ausgewogenheit der Insel Madeira. Die Bedeutung für die Biodiversität spiegele das Vorkommen von 76 endemischen Gefäßpflanzen, einer hohen Zahl an wirbellosen Tieren und der endemischen Madeirataube (auch Silberhalstaube) wider.

Mythische Waldstimmung

In früheren Zeiten wurden aus Lorbeerholz Gebrauchsgegenstände wie Möbel, Weinpressen und Fischerboote gefertigt. Auch bei Einlegearbeiten machte sich Lorbeer gut. Längst hat sich herumgesprochen, wie bewahrenswert und ökologisch wertvoll die Waldbestände sind. Sie fungieren als unersetzbare Wasserspeicher.

Lorbeerwälder zeichnen sich durch eine regelrecht mythische Stimmung aus – umso mehr, wenn sie in Höhennebel versinken, wenn Moose und Farne ihre Äste und knorrigen Stämme umschlingen. Da fühlt man sich in eine Märchenwelt versetzt. Wenn man, wie um Ribeiro Frio, an Lorbeerwäldern vorbeifährt, ist das eine Sache – doch so richtig wird man erst bei Wanderungen von der Faszination Lorbeer gepackt.

INFO

WANDERN UM RIBEIRO FRIO
Wer Lorbeerwälder tiefer erkunden will, begibt sich am besten auf Wanderschaft, zum Beispiel in der Gegend um Ribeiro Frio. Eine gute Möglichkeit bietet der elf Kilometer lange Wanderweg »PR 10 – Levada do Furado«.
www.visitmadeira.com/de/ausfluege/naturliebhaber/aktivitaeten/wandern/pr-10-levada-do-furado
Deutlich kürzer ist die Wanderstrecke »PR 11 – Vereda dos Balcões« (1,5 Kilometer).
www.visitmadeira.com/de/ausfluege/naturliebhaber/aktivitaeten/wandern/pr-11-vereda-dos-balcoes

LORBEER FÜR DIE *ESPETADA*
Typisch und traditionell für die Küche von Madeira ist der gegrillte Rindfleischspieß *(espetada)*. Für den perfekten Geschmack gibt man grobes Salz und Knoblauch an die Stücke – und Lorbeerblätter.

← Wenn hier Elfen, Gnome oder eine Hexe auftauchten, würde auch das zu Madeiras märchenhaften Lorbeerwäldern passen.
↑ Wanderer in der Levada do Furado, Ribeiro Frio, begleitet von Lorbeerwald

46

MADEIRA IM FARBRAUSCH

WILDROMANTIK IN MONTE

Hoch über Madeiras Hauptstadt Funchal thront der Ort Monte mit viel Grün, bunten Blumen und der Wallfahrtskirche Nossa Senhora do Monte. Ein Highlight der Insel ist der Monte Palace Tropical Garden. Die Bezeichnung »wild« wäre für den tropischen Garten vielleicht übertrieben, aber »wildromantisch« trifft den Kern.

Die Ortschaft Monte klebt an den Hängen oberhalb von Funchal und verteilt sich über Höhen zwischen etwa 600 und 800 Metern. Überall grünt und blüht es. Feldbauterrassen werden von Bruchsteinmauern gestützt. Farbakzente setzen Baum-Aloe mit ihren roten Kerzenblumen.

Ein Park, ein Heiligtum, ein Kaiser

Der Park unterhalb der Wallfahrtskirche Nossa Senhora do Monte stimmt auf eine größere Vielfalt der Natur ein. Hier wachsen Hortensien und Baumfarne, hier rauscht ein Flüsschen, hier verehren die Gläubigen ein Marienbildnis über einer Quelle. Ein bemooster Treppenaufgang führt hinauf zum Heiligtum, wo man den Schalter automatisch auf Kultur und Geschichte umlegt. Madeira ist nicht nur die Insel der Blumen, sondern auch eine Insel der Kirchen – und diese hier ist die wichtigste.

Die 1818 geweihte Kirche Nossa Senhora do Monte wirft sich mit einer Doppelturmfront auf; Vorläufer war eine Kapelle aus dem Spätmittelalter. Auf dem Vorplatz erinnert ein Denkmal an Kaiser Karl I. von Österreich (1887–1922), der auf Madeira im Exil starb und 2004 selig gesprochen wurde. Fast wirkt das Heiligtum wie ein Wächter über Funchal. Der Wind fährt durch Baumfarne. Die Blicke schweifen über das Häusermeer auf die Weiten des Atlantiks. Ein Stückchen unterhalb liegt ein lauschiger Teich, lässt man sich auf Ruhebänkchen unter doppelarmigen Laternen nieder, wurzeln Sicheltannen, Ginkgos, Florettseidenbäume.

Das Kircheninnere steht im Zeichen Mariens, der Schutzheiligen Madeiras, die immer wieder um Schutz angerufen wurde; ihr Hauptfesttag ist der 15. August. Das Marienbildnis hat im ausgemalten Altarraum seinen Ehrenplatz und ist ein Winzling. »35 Zentimeter«, sagt der freundliche Helfer Carlos Alberto Mendes. Bei Sonntagsgottesdiensten dringen die inbrünstigen Gesänge von Gläubigen bis nach draußen.

70 000 Quadratmeter Garten

Unweit der Wallfahrtskirche stürzt man sich im Monte Palace Tropical Garden in einen wahren Farbrausch der Pflanzen. Der tropische Garten bietet ein Konzentrat der Flora Madeiras, aber auch exotische Pflanzen aus weiteren Teilen der Welt: sorgsam zusammengestellt auf einer stolzen Fläche von 70 000 Quadratmetern. Das Etikett »wild« wäre zu dick aufgetragen, aber »wildromantisch« passt.

→ Die Wege durch den Monte Palace Tropical Garden stürzen in einen Farb- und Blütenrausch.

← Blick auf die doppeltürmige Wallfahrtskirche von Monte
↙ Mit dieser Pracht zieht Baum-Aloe die Betrachter in ihren Bann.
↘ Wasserspiele krönen die Flut der Eindrücke im Monte Palace Tropical Garden.

Es ist auch kein reiner Blumengarten, sondern integriert Elemente einer orientalischen Parkanlage wie in Japan.

Eine wechselvolle Geschichte

Das Areal blickt auf eine wechselvolle Geschichte zurück, die im 18. Jahrhundert begann, als der englische Konsul Charles Murray das südlich der Kirche gelegene Grundstück erwarb. Er verwandelte es in ein geschmackvoll aufgezogenes Landgut namens Quinta do Prazer. 1897 war die Reihe an Alfredo Guilherme Rodrigues, der das Gelände kaufte und sich eine palastartige Residenz errichten ließ, die er an Vorbilder aus der deutschen Rheinlandschaft anlehnte. Später erlebte das Haus seine Umwandlung in das luxuriöse Monte Palace Hotel, doch das erlebte nach dem Tod Rodrigues' im Jahr 1943 ein baldiges Ende. Nach neuerlichen Besitzerwechseln entstand ab den 1980er-Jahren rundherum ein Botanischer Garten, der in vielerlei Hinsicht überzeugt: mit lauschigen Winkeln und der Vielfalt. Einzig über die Notwendigkeit der Anreicherung der Gärten mit exotischen Kunstnoten und Skulpturen lässt sich streiten. Was für die einen ein Plus ist, empfinden andere inmitten der Natur als weniger gelungen und überflüssig. Auch Kachelbilder, die Könige und Szenen der portugiesischen Geschichte abbilden, wären eher verzichtbar. In die Teiche sind Koi-Karpfen eingesetzt worden.

Stechpalmen, Lorbeer, Madeira-Natternkopf

Natürlich ist der Garten kein Geheimtipp, aber er belässt genügend Freiraum und stille Winkel für alle. Auf den Wegen streift man an Baumfarnen und riesigen Stechpalmen längs, an Azaleen, Rhododendren, Scheinzypressen, Schmucklilien, Palmfarnen, Kerzen-Palmlilien, Philodendren, schwarzem Bambus. Dazu spielt das Wasser seine Melodie. Plätschernde Becken verströmen Ruhe, gespeist aus einer natürlichen Bergquelle. Die Sonne glitzert auf einem Teich. Auf Licht- folgen Schattenstücke beim Rundgang. Wände tragen Beläge aus Efeu. Angemessenen Raum nehmen die für Madeira so wichtigen Lorbeerbestände ein. Vertreten sind Pflanzen aus verschiedenen Höhenlagen der Insel und auch gefährdete Arten wie endemische Wolfsmilchgewächse und der Drachenbaum, der zwischen August und Oktober blüht. Der Madeira-Natternkopf hört sich nach einer Schlangenart an. In Wahrheit handelt es sich um eine Pflanze aus der Gattung der Natternköpfe, die kandelaberartig wächst. Der Zweitname »Stolz von Madeira« klingt besser; die Blüten sind blau oder violett. Die Blütezeit der Orchideen erstreckt sich von Dezember bis Mai.

Die an den Hang gebauten Gärten stufen sich bis zum historischen Herrenhaus ab, bei dem Vorhänge aus Kaskaden niederprasseln. Die faszinierenden Facetten der Natur runden Begonien und Kamelien ab, Trompetenblumen und Hibiskus. Und Fuchsien, die so elegant wirken wie Ohrringe von Prinzessinnen. Die Farben explodieren in aller Stille. Rot. Gelb. Rosa. Lila. Violett. Da geht das Herz auf.

INFO

ÖFFNUNGSZEITEN UND SEILBAHN

Der Monte Palace Tropical Garden öffnet täglich von 9.30–18 Uhr. Die beste Zeit für die Entdeckung ist möglichst früh am Tag; später können sich Wolken aufs Bergland senken.
www.montepalace.com
Die beste Art der Anreise ist ab Funchal mit der Seilbahn (Teleférico do Funchal/ Madeira Cable Car). Der Schwebeflug dauert etwa eine Viertelstunde und ermöglicht fantastische Ausblicke über die Stadt und übers Grün, über das der Gondelschatten tanzt. Manche Häuser sitzen auf Felsabstürzen, die Wäsche hängt draußen, Gemüsegärten kleben an Abhängen. Fast lautlos gleitet die Gondel voran. Hinauf dringen Hundegebell und Hahnenschreie. Alternativ ist eine Auffahrt nach Monte im Fahrzeug möglich.
www.madeiracablecar.com

DAS MUSEUM

In den Garten ist ein Museum integriert, das aus einer Sammlung von Skulpturen und einer Kollektion aus Mineralien aus der ganzen Welt besteht. Das Museum kostet keinen gesonderten Eintritt, hat aber kürzere Öffnungszeiten (täglich 10–16.30 Uhr).

Das ist das beste öffentliche Verkehrsmittel, um von Funchal in die Höhen zu gelangen: die Seilbahn.

47

MADEIRAS KLEINER GARTEN EDEN

FAJÃ DOS PADRES

Wer auf Madeira einen kleinen Garten Eden sucht, darf sich in den Tiefen der Südküste in Fajã dos Padres bestens aufgehoben fühlen. Dort gedeihen Bananen, Papayas, Avocados, verschiedenste Gemüsesorten. Im Restaurant kann man genüsslich tafeln und im Meer baden. Der Zubringerdienst ist einfach: eine Seilbahn.

Weit westlich von Madeiras Inselhauptstadt Funchal schaukelt die Seilbahn in eine andere Welt. Nur wenige Minuten dauert der Schwebeflug abwärts an die einsamen Tiefen der Südküste nach Fajã dos Padres. Die Aussichten unterwegs sind schwindelerregend. Doch das Beste kommt erst noch.

Fajã dos Padres wird seit den Anfängen der Besiedlung der Insel Madeira im Spätmittelalter bewohnt und bewirtschaftet. Der Name der »Padres« leitet sich von den Jesuiten ab, denen die Ländereien einst über 150 Jahre gehörten. Schon damals war die Gegend durch ein Mikroklima und fruchtbare Böden gesegnet. Während ihrer Präsenz »hinterließen die Jesuiten bemerkenswerte Marksteine, von denen zweifellos die Einführung des Malvasia-Weines hervorzuheben ist«, so liest man in einem historischen Kurzrückblick, »ein Wein, dessen Ruf die Grenzen Portugals überschritt und bis nach England, in die Vereinigten Staaten und sogar bis nach Russland gelangte«. Trotz der Abgeschnittenheit des Ortes lebten zeitweise etwa 50 Menschen, Siedler und Jesuiten, in Fajã dos Padres, verteilt auf eine kleine Ansammlung von zehn Häusern, so heißt es weiter.

Pfad durch Bananenplantagen

Fajã dos Padres öffnet sich bis heute als ein kleiner Garten Eden. Angebaut werden Mangos, Bananen, Papayas, Weintrauben, Avocados, Fenchel, Rote Bete. Nach der Ankunft in der Seilbahn führt der Pfad durch Bananenplantagen und Gemüsegärtchen. Es knirscht unter den Schuhsohlen. Eidechsen flitzen über die Steinmauern. Möwen fliegen umher. Hibiskus und Baum-Aloe stehen im Wettstreit um das intensivste Rot. Strelitzien leuchten orange, der Atlantik schimmert tiefblau. Das Meer macht Appetit. Das Restaurant über dem Strand tischt Gemüsesuppe mit Produkten aus den eigenen Gärten auf, einen vegetarischen Hamburger, gerösteten Oktopus oder den fangfrischen Fisch des Tages. Das ist öfter Dorade.

Am Steinstrand rollen die Wellen klackernd aus. Eine Betonmole schiebt sich vor. Das Meer lädt vor oder nach dem Essen zum Bad ein. Imposant ist von hier aus der Blick auf die Klippenmassen. Feigenkakteen klammern sich an die letzten Abstürze.

Der Sound der Zivilisation reduziert sich auf ein Motorboot. In Fajã dos Padres gibt es keine Straßen, keine Autos. Stress und Hektik fallen ab, die neuesten Schreckensnachrichten aus aller Welt verstummen inmitten der Friedensstimmung.

← Spaziergang durch Bananenplantagen im Areal Fajã dos Padres – hier fühlt man sich wunderbar weit weg von allem.
↓ Mit der Seilbahn gondelt man aus den Höhen hinab nach Fajã dos Padres.

INFO

BESUCHERINFORMATIONEN

Die Betriebsstunden der Seilbahn sind im Sommer täglich 10–19 Uhr, während des übrigen Jahres täglich 10–18 Uhr. Über die Website (auch auf Deutsch abrufbar) lässt sich wunschweise eine Führung bzw. eine Obstverkostung mit Führung buchen. Fajã dos Padres ist auch ein schönes Besuchsziel im milden Winter. Nicht vergessen für den Ausflug sollte man Badesachen. Es steht eine Umkleide zur Verfügung.
www.fajadospadres.com

GASTRONOMIE

Das Restaurant bietet Platz für maximal 120 Gäste, die in halb überdachten Bereichen oder im Freien Platz nehmen können. Es hat im Sommer täglich von 10–18 Uhr geöffnet, während des restlichen Jahres täglich von 10–17 Uhr. Auf der Homepage (s. o.) findet sich ein Formular für die Tischreservierung.

Küstenlandschaft um die Ponta da Piedade an der Algarve

MEINE TOP-TEN-REISEZIELE IN PORTUGAL

1 **PONTA DA PIEDADE** Die Bilderbuchansichten an der Algarve um diese Landspitze bei Lagos sind nicht zu toppen. Zugaben zu den bizarren Felsengebilden sind winzige Buchten und Strände.
▶ **WEIL … dieses Küstenstück alles in den Schatten stellt.**

2 **CABO DE SÃO VICENTE** Rund um das leuchtturmgekrönte Kap im tiefsten Südwesten des Landes regieren die Urkräfte der Natur. Winde peitschen, Wellen klatschen gegen die Klippen. Die Ausblicke sind fantastisch.
▶ **WEIL … die raue Faszination in den Bann schlägt.**

3 **MOSTEIRO DOS JERÓNIMOS, LISSABON** … Der verschnörkelte Stil der Manuelinik erreicht in diesem einstigen Hieronymitenkloster seinen Höhepunkt. Der Name leitet sich von König Manuel I. (1469–1521) ab.
▶ **WEIL … der Stil unnachahmlich an die Entdeckerzeit erinnert.**

4 **SINTRA** Die Pracht von Königspalästen, ergänzt durch herrliche Bergesfrische: Sintra zählt zum Weltkulturerbe. Der Palácio da Pena gilt als das Neuschwanstein von Portugal. Sehenswert ist auch die Maurenburg.
▶ **WEIL ... sich hier Natur und Kultur besonders verzahnen.**

5 **CONVENTO DE CRISTO, TOMAR** Hohe, zinnenbesetzte Mauern umschließen diese Christusritterburg, die über dem Städtchen Tomar thront. Die Glaubensfestung aus dem Mittelalter steckt voller mysteriöser Winkel.
▶ **WEIL ... der verschachtelte Bau bis heute geheimnisvoll wirkt.**

6 **ÓBIDOS** In einer imaginären Liste der »Schönsten Orte Portugals« stünde Óbidos, das »portugiesische Rothenburg«, mutmaßlich ganz oben. Stadtmauern, Gassen, Blumenschmuck, kalkweiße Häuser. Herrlich!
▶ **WEIL ... man sich an diesen Bildern nicht sattsehen kann.**

7 **COIMBRA** In Coimbra pulsiert das Studentenleben wie nirgendwo und strahlt überallhin aus. Im besuchbaren Komplex der Universität beeindrucken die Kapelle São Miguel, die Bibliothek und der Saal der Festakte.
▶ **WEIL ... die fröhliche Stimmung der Studentenstadt ansteckt.**

8 **SERRA DA ESTRELA** Das »Sterngebirge« kratzt mit knapp 2000 Metern am Himmel. Hier findet man Dörfer, Wanderstrecken und eine schroffe Bergwelt mit regelrecht durcheinandergewürfelten Felsformationen.
▶ **WEIL ... dies ein ganz anderes Stück Portugal ist.**

9 **ESTAÇÃO DE SÃO BENTO, PORTO** Schmuckkacheln, Azulejos, sind Portugals stille Wahrzeichen. Sie können sich zu Riesenbildern zusammensetzen, so wie in der Vorhalle von Portos Bahnhof São Bento.
▶ **WEIL ... man hier offene Bilderbücher bewundert.**

10 **LIVRARIA LELLO, PORTO** Das Buch ist tot? Nein, es lebe das Buch in der Livraria Lello, die von einer Eleganz bis in die letzten Dekors bestimmt wird. Was wie Holz wirkt, ist in Wahrheit bemalter Gips.
▶ **WEIL ... dies einer der schönsten Buchläden der Welt ist.**

Andreas Drouve,
freier Autor und Journalist, kennt Portugal bis in die letzten Winkel.

48

FELSENFINGER UND MEERWASSERPOOLS

MADEIRAS WILDER NORDSAUM

Wer den Norden Madeiras durchfährt, macht Bekanntschaft mit rauen Küstengegenden, Felsenfingern, Blumenmeeren, Meerwasserpools und dem »Brautschleier«-Wasserfall. In ruhigeres Fahrwasser gerät das Erleben bei einer Weinprobe und bei der Betrachtung der strohgedeckten Bauernhäuschen im Höhendorf Santana.

Hochprozentig gestaltet sich der Auftakt im Nordosten im Küstenort Porto da Cruz. Nahe den Klippen liegt die Rumfabrik Engenhos do Norte. Für einen Liter Rum braucht es zwölf Kilo Zuckerrohr, erfährt man vor Ort. Im 15. und 16. Jahrhundert florierte bereits die Zuckerproduktion auf der Insel. Der Ozean rollt brutal an den Steinstrand. Da ist man Zaungast der Urgewalt der Natur und bleibt besser auf dem Trockenen.

Zunächst entspannt sich die raue Lage im Höhendorf Santana. Wahrzeichen sind die strohgedeckten Bauernhäuschen in Dreiecksform. »Diese typischen Häuser spiegeln die Abgeschiedenheit dieses Ortes wider, der lange Zeit auf dem Land- und Seeweg schwer zu erreichen war«, liest man dazu. Die ländliche Niedlichkeitsarchitektur ist lokales Kulturerbe. Nahe dem Rathaus locken herausgeputzte Nachbauten mit ihren leuchtroten Türen und blau umrandeten Fenstern Touristen an. Ein Stück abseits haben sich authentische Häuschen erhalten, deren Inneres aus einer soliden Holzstruktur besteht. Die Waschschüssel deutet auf einfachste Verhältnisse, ein kleines Marien- oder Christusrelief an der Wand auf den Glauben. Nicht fehlen dürfen der Hasenstall, der Schweinepferch und ein Lager für Kartoffeln und Süßkartoffeln. Verbreitet waren früher die engen Nachbarschaftsbeziehungen und der Tauschhandel. Das alles ist nach und nach im Verschwinden begriffen.

Über allem liegt die Natur, auch in Santana. Der üblichen Palette auf der Blumeninsel Madeira entspricht, dass hier Paradiesvogelblumen, Hortensien und Hibiskus gedeihen. An der Straße wachsen Orangenbäume. Über die Häuschen und Grünausläufer schweift der Blick bis zum Ozean.

Die Bewohner von Santana lieben Feiern und Events. Etwa Ende Mai steht das Forellenfestival (Festival da Truta) auf der Agenda, im Frühsommer das 24-stündige Folkloretanzfestival (24 Horas a bailar).

Aussichten und Weinprobe

Aussichtspunkte mit Fernblicken, Kurven, Zwischenhalts wie in Ponta Delgada – die wilde Nordküste lässt nichts zu wünschen übrig. Gemächlich plätschert das Leben in Ponta Delgada dahin, das seit der Mitte des 16. Jahrhunderts dokumentiert ist. Die fruchtbaren Böden werfen reichlich ab.

Westlich von Ponta Delgada entspannt sich die Kurvenlage, folgt ein herrliches Panoramastück in Richtung São Vicente. Dort taucht man in Weinbaugebiete ein. Die Rebgärten

← Panoramablick über einen Teil der Nordküste der Insel Madeira

legen sich über Terrassen, reichen bis auf Meereshöhe und in abenteuerlich bewirtschaftete Winkel.

Auf dem Landgut Quinta do Barbusano, ein Stück im Hinterland von São Vicente gelegen, lässt man sich hinter großen Glasfronten mit Blick ins Gebirge zu einer Weinverkostung nieder. Führer Orlando Silva erläutert die manuellen Arbeiten, den bis 300 Höhenmeter reichenden Anbau und die geschützte Herkunftsbezeichnung der Produkte. Im internationalen Vergleich mögen das hier keine Spitzenweine sein, aber es sind ehrliche, schmackhafte Tropfen. Sie sind ein Spiegel der Landschaft. Die Weißen schmecken mineralisch und nach tropischen Früchten wie Ananas, Passionsfrucht und Zitrone. Beim Aroma der Roten kommen Beerenfrüchte, Gewürze und im Abgang Nuancen von Kaffee und Schokolade ins Spiel.

Weißer Brautschleier, schwarzer Strand

Nach der Weinrast giert man wieder nach wilderen Plätzen und wird nicht enttäuscht. Zwischen São Vicente und Seixal liegt der Aussichtspunkt auf den »Brautschleier«-Wasserfall (Miradouro do Véu da Noiva), der sich in den Atlantik ergießt. Das Leuchtweiß des Falls, der dem Endstück des Flüsschens João Delgado entspricht, sticht aus dem Grün hervor. Weiter westwärts punktet das Küstendorf Seixal mit seinem schwarzen Strand, der sich vor dem Hintergrund der Klippen abhebt, und seinen natürlichen Meerwasserpools (Piscinas Naturais do Seixal).

Das Meer prägt die Bilder

Ribeira da Janela heißt nicht nur ein Ort, sondern der gleichnamige Fluss, der im Bergland entspringt und sich seinen Weg ins äußerste Nordwesteck der Insel bahnt. Spektakulär der Mündung vorgelagert ist ein Inseldoppel, aus dem gigantische Felsenfinger stechen. Wellen stäuben auf. Möwen ziehen ihre Kreise. Die Gegend ist auch Surferterrain. Unromantisch, aber wichtig für die Versorgung ist das wummernde Wasserkraftwerk am Ende des Flusstals.

Den Schlusspunkt im Nordwesten setzt Porto Moniz, wo das Meer seit alters her die Bilder prägt. Im Juli feiert der Ort seine Meereswoche mit Musik und diversen Wettbewerben rund ums Wasser. Neben dem Tourismus ist der Fischfang noch heute ein Wirtschaftsfaktor. Aushängeschilder sind die Meerwasserpools, die bei Locals und Gästen gleichermaßen hoch im Kurs stehen. Dort kann man herrlich geschützt baden und findet attraktive Plätzchen. Das klare Wasser wird auf natürliche Weise erneuert. Bei der Anlage im Lavagestein hat Menschenhand bei den Stützmauern und Zugängen mitgeholfen. Draußen, nur ein Stückchen entfernt, wütet die See um verstreute Felsenzacken und einen Felsbogen. Welch eine dramatische Landschaft! Den Besuch des kleinen Aquariums hingegen kann man sich guten Gewissens ersparen. Das Küstenhinterland der Gemeinde Porto Moniz wird bestimmt von alten Lorbeerwäldern.

↖ Diese strohgedeckten Häuschen im Ortskern von Santana sind die beliebtesten Fotomotive.
← Der sogenannte »Brautschleier«-Wasserfall stürzt von den Klippen ins Meer.
↗ Der Magnet für Einheimische und Besucher in Porto Moniz: das Naturschwimmbad am Meer

INFO

UNTERKUNFT & GASTRONOMIE

Etwas außerhalb von Santana profitiert das Hotel Quinta do Furão von den Panoramen der Steilküste. Auch das angeschlossene Restaurant, wo man eine Kürbissuppe oder einen Rindfleischspieß auftischt, ist eine beliebte Adresse mit schönen Aussichten; im Winter prasselt drinnen das Kaminfeuer.
Estrada da Quinta do Furão 6,
Tel. +351/291570100,
www.quintadofurao.com
Attraktiv ist in Porto Moniz eine Einkehrzone mit Küstenblicken, darunter im Restaurante Orca.
Rotunda das Piscinas 4,
Tel. +351/291 85 00 00,
Facebook-Seite

RUM

In der historischen Brennerei Engenhos do Norte kann man sich eindecken, darunter mit drei oder sechs Jahre lang gereiftem Feuerwasser. Der Shop hält eine gute Auswahl bereit.
Rua do Cais 6, Porto da Cruz,
Tel. +351/291 74 29 35,
www.engenhosdonorte.com

WEIN

Kostproben und Direktverkauf auf dem Landgut Quinta do Barbusano und in Seixal bei Terras do Avô.
Quinta do Barbusano: Caminho Agrícola do Barbusano 26, São Vicente,
Tel. +351/926 63 77 30, Facebook-Seite
Terras do Avo: Tel. +351/964 00 80 01,
Facebook-Seite

Folklore-Tanzvorführung beim Madeira-Weinfest, das alljährlich zur Lesezeit im Spätsommer steigt

49

KÜNSTLICHE KANÄLE AUF MADEIRA

LEVADA-WANDERN

Madeiras raue Natur lässt sich auf Schritt und Tritt bei einer Levada-Wanderung erkunden, bei der man am besten von einer professionellen Begleitung profitiert. Bei Levadas handelt es sich um künstliche Kanäle. Unterwegs geht es durch Wälder aus Lorbeerbäumen, vorbei an Zimterlen und Baumheide.

»Levadas«, erklärt Natur- und Bergführer Fábio Castro, »sind künstliche Kanäle, um das Wasser in die tieferen Agrarzonen zu leiten. Früher brauchten die Zuckerrohrfelder viel Wasser. Heute sind die Levadas auch als Trinkwasser und in kleinerem Rahmen für die Energiegewinnung wichtig.« Parallel verlaufen Instandhaltungspfade, die regelmäßig von Staatsbediensteten begangen und kontrolliert werden und beste Voraussetzungen für spannende Wanderungen bieten. Laut Fábio gibt es um die 2500 Levada-Kilometer auf Madeira. Dies sei »unglaublich«, setzt er hinzu, wenn man sich die Dimensionen der Insel vor Augen halte, die lediglich 57 Kilometer lang und 22 Kilometer breit sei. Wer ein Gespür für die Insel bekommen will, bricht zu einer Levada-Tour auf. Das kann auch im Winter ein wunderbarer Hike sein. Natürlich sind Niederschläge nie auszuschließen; ein Cape gehört in den Tagesrucksack. Adäquates Schuhwerk versteht sich von selbst.

Kulissen, die in Grün ertrinken

Ein Tipp für den Westteil Madeiras ist der 7,2-Kilometer-Trail »PR 14 – Levada dos Cedros«, der vom Parkplatz Curral Falso bis auf die Hochebene von Paul da Serra bringt. Der Weg in der Bergregion Fanal verläuft auf Höhen zwischen 840 und 1090 Metern. Dafür einplanen sollte man – inklusive Fotostopps und Rast – drei bis vier Stunden. Sinn macht hier und andernorts eine professionelle Führung, die diverse Veranstalter anbieten. Das hat den Vorteil, dass man – je nach Route – am Ende abgeholt wird und nicht wieder auf derselben Strecke zurückmarschieren muss.

Die Begleitung auf dem Trail »Levada dos Cedros« hat heute Fábio übernommen, der auf der Insel geboren ist. Eigentlich hat er sein Studium in Management abgeschlossen und einen Abschluss in Personalwesen draufgepackt. Doch sein wahres Ding ist die Natur, in der er regelrecht aufblüht. Da es an der Strecke und auch am Ende kein Dorf gibt, muss man Proviant mitbringen.

Der Kanal »Levada dos Cedros«, kaum zwei Handspannen breit, besteht aus Basalt und ist charakteristisch für Madeiras Mikroarchitektur aus dem 17. Jahrhundert. Die Kulissen rundherum ertrinken in Grün. Flach und windungsreich zieht sich die Cedros-Levada durch einen dichten Mischwald mit Lorbeerbeständen, Zimterlen, Blaubeeren, Baumheide. Der Trail folgt den Schleifen, der Boden ist etwas aufgeweicht. Wurzeln bohren sich in die Schuhsohlen. In einem Baum gleißt ein Spinnennetz in der Sonne, die nur an wenigen Stellen durchdringt. Die Pflanzen kämpfen um das Licht.

→ Symmetrie, umgeben von Grün: eine Levada mit stufenweisem Abfall und der Treppe daneben

← Wanderer auf der Levada do Moinho, Lombada da Ponta do Sol
↙ Spiegelbild im Kanal bei der Wanderung entlang des Trails Levada dos Cedros
↘ Da wird man von der Natur gepackt – unterwegs auf dem Trail Levada dos Cedros.

Klima und vulkanische Böden lassen viele Pflanzen auf Madeira in einer eigenen Liga der Wuchskraft spielen. Sträucher, die sonst bis zur Hüfte reichen, erreichen hier Baumhöhe. Dagegen ist das Wildlife mickrig. »Bei uns gibt es keine großen oder gefährlichen Tiere, nicht einmal Schlangen, nur in der Regierung«, sagt Fábio und schmunzelt.

Beruhigend plätschert und rauscht das Wasser. Nach einem Regenguss setzen kleine Tropfenkonzerte von den Bäumen ein. Unterwegs nimmt die Levada glasklare Bäche auf, stürzen kleine Kaskaden hinein. Pflanzenfenster öffnen sich ins Gebirge, dann sieht man sich aufs Neue vom Forst geschluckt. Man erschreckt fast, als man im Zauberwald die Stimmen anderer Wanderer hört.

Äste verzwirbeln sich in der Luft. Stämme stecken in Mooshüllen. Die Sonne siebt Licht in den Wald. Blätter tragen Glitzerperlen vom letzten Guss. Umgestürzte Bäume verlangen auf dem Weg kurz nach Duckhaltung. Zu Abhängen hin sind Schutzseile gespannt. Gelegentlich fischt Führer Fábio Blätter und Äste aus dem Kanal und löst Blockaden des normalen Wasserflusses auf; der letzte Kontrollgang des Zuständigen scheint etwas länger her zu sein.

Ein Schluck aus dem Kanal

Unterwegs nimmt Fábio einen Schluck aus dem Kanal. »Kein Problem«, bekräftigt er, »das ist besser als aus Flaschen aus dem Supermarkt.« Bei sich daheim in Santa Cruz bekommt er das öffentliche Levada-Wasser eine halbe Stunde pro Woche zugeschleust: samstagmorgens ab sieben Uhr, das reiche für seine Bananen und Mangos und koste acht Euro pro Jahr. Bei den festgelegten Zuflusszeiten kennt er Leute, die dafür extra von der Arbeit freigestellt werden: »Eigentlich sitzen sie in Schlips und Kragen im Büro, aber dann müssen sie zwischendurch nach Hause, wenn das Wasser für die Pflanzung kommt.«

Sicherheitshinweise und Spielregeln

Über Madeira verteilen sich Dutzende Wanderwege für jeden Geschmack und jede Kondition. Dabei lernt man die verschiedensten Landschaften kennen, taucht tief ein ins Naturerbe. Über die Levadas hinaus sind auch Veredas beliebt, also anderweitige Fußpfade. Madeiras offizielle touristische Website führt dazu Sicherheitshinweise und Spielregeln auf: »Wenn Sie auf Veredas oder Levadas wandern wollen, denken Sie daran, dass Sie dies mit Sicherheitsvorkehrungen tun, ein Handy mitnehmen, nicht allein gehen und die richtige Ausrüstung dabeihaben sollten. Außerdem gibt es beim Wandern auf Madeira einige wesentliche Verhaltensregeln: Bleiben Sie auf dem Weg und seien Sie achtsam bei Fauna und Flora.« Die Wanderungen führen durch ökologisch wertvolle Gegenden, die für die nachfolgenden Generationen bewahrt werden müssen.

INFO

ORGANISIERTE TOUREN
Geführte Levada-Touren bieten diverse Anbieter als Halb- oder Ganztagstouren an, inklusive Transfers. Standardsprache bei einer Führung ist Englisch. Die Längen der Wanderungen bewegen sich für gewöhnlich zwischen sechs und 13 Kilometern.
Madeira Adventure Kingdom:
Tel. +351/968 10 18 70,
www.madeira-adventure-kingdom.com
MB Tours: Tel. +351/291 70 04 40,
www.mb-tours.pt
Loko Loko Madeira:
Tel. +351/291 93 91 31 oder
+351/969 57 07 80,
www.lokolokomadeira.com

WEITERE WANDERTIPPS
Bereich Westküste: »PR 6 – Levada das 25 Fontes« (4,3 Kilometer), »PR 19 – Caminho Real do Paul do Mar« (1,8 Kilometer), »PR 20 – Vereda do Jardim do Mar« (1,9 Kilometer); Bereich Ostküste: »PR 5 – Vereda das Funduras« (8,7 Kilometer), »PR 8 – Vereda da Ponta de São Lourenço« (3 Kilometer); Bereich Südküste: »PR 3 – Vereda do Burro« (7,2 Kilometer), »PR 4 – Levada do Barreiro« (5,2 Kilometer); Bereich Nordküste: »PR 7 – Levada do Moinho« (10,5 Kilometer), »PR 9 – Levada do Caldeirão Verde« (8,7 Kilometer)
www.visitmadeira.com/de/ausfluege/naturliebhaber/aktivitaeten/wandern

Naturführer Fábio Castro kennt sich beim Thema der Levadas bestens aus.

50

MADEIRAS NACHBARINSEL PORTO SANTO

DIE KLEINE UNBEKANNTE

Neun Kilometer Sandstrand, das ist das beste Argument für einen Abstecher zu Madeiras nordöstlichem Nachbarn Porto Santo. Das Inselchen ist 42,5 Quadratkilometer klein, etwa 5000 Einwohner stark und maximal 516 Meter hoch. Hauptort ist Vila Baleira mit einer kleinen Altstadt, interessant eine Rundtour über die Insel.

Porto Santo liegt eigentlich im Schatten des schier übermächtigen Inselnachbarn Madeira, bietet jedoch etwas, was dieser nicht hat: neun Kilometer Strand. Wer das Eiland ansonsten für eine Kleinausgabe des sattgrünen Madeira hält, liegt falsch. »Madeira ist der Garten im Atlantik, wir sind genau das Gegenteil: eine Wüste im Atlantik«, stellt Nuno Santos Lã klar, der Besucher bei Jeeptouren über die Insel schaukelt. Damit spielt er auf die Wasserknappheit an, die durch die Meerwasserentsalzung kostspielig aufgefangen wird und den Golfplatz umso deplatzierter wirken lässt. »Da geht unser recyceltes Toilettenwasser hin«, sagt er und lächelt vielsagend. Nuno pflegt, wie alle der rund 5000 Bewohner, eine entspannte Mentalität. Obgleich er Konzerte und Kino vermisst, spricht er ein ums andere Mal von »Lebensqualität« und unterstreicht: »Porto Santo ist sauber, sicher und ruhig.« Die Kriminalität betrage null Prozent, sagt er. Es gebe keine Ampeln, keinen Stress. In einer Viertelstunde sei man im Auto in jedem Winkel der Insel, ohne Karte, ohne GPS. Ergänzt sei: ohne Gedränge, sofern man den Ferienmonat August ausklammert, der gewöhnlich viele Nachbarinsulaner aus Madeira anlockt.

← Auf Madeiras Nachbarinsel Porto Santo werden kilometerlang Strandträume wahr.

Porto Santo höckert sich mit mehreren Hügeln auf, darunter dem konisch aufsteigenden Pico Castelo, den man am ehesten als einen »Wild Place« bezeichnen kann. Ein Wanderweg, den man oft für sich allein hat, führt hinauf. Oben, auf einstigen Getreideterrassen des 437 Meter hohen Vulkanschlots, wurzeln angepflanzte Bäume und Blumen. Der warme Wind streicht durch Kiefern, Steineichen, Libanon-Zedern. Nicht ausblenden bei den Panoramen lässt sich leider die drei Kilometer lange Start- und Landebahn, die die Insel zerschneidet und sich durch Nutzung der Streitkräfte erklärt. Militärische Prägung trägt auch der höchste Inselberg Pico do Facho mit seiner Radarstation.

Mikroziele und mildes Klima

Abseits der Strandweiten und der Hügel ist Porto Santo eine Insel der Mikroziele. Dazu zählt der Botanische Gartenzwerg Quinta das Palmeiras, wo Besucher das ambitioniert angelegte Grün, den Teich und die Vögel erst mit dem Wissen um die Wasserarmut auf der Insel zu schätzen lernen. Auf einer Inselrundtour zeigt Nuno das, was er versteckt hinter der Landebahn »die kleinste Wüste der Welt« nennt, und fährt hinauf zu zwei Aussichtspunkten. Station im Osten ist eine Farm, die Lomelino Velosa als volkskundlich-museales Kulturerbe der Familie in vierter Generation bewahrt. Museu Casa da Serra heißt der kleine Komplex mit wiederhergestelltem Waschplatz, Brunnen und Küche, wo es nach frischem Feuer riecht. Er sei eine »im Aussterben befindliche Spezies«, befindet Lomelino, denn er sei auf Porto Santo geboren. Heute kommt der Inselnachwuchs gewöhnlich im Spital von Madeira zur Welt.

Im Spiegel der Betrachtung zwischen Geschichte und Gegenwart ist die karge, fast menschenfeindliche Landschaft geblieben. Die Böden sind sandig und nährstoffarm. Es fällt wenig Niederschlag. Andererseits ist das Klima ein wichtiges Argument für Besucher, denn auf Porto Santo ist es ganzjährig mild. Außerdem gibt es keine giftigen Tiere, ein weiterer Vorzug.

Wer mit Einheimischen wie Idalino Vasconcelos ins Gespräch gerät, spürt eine tiefe Zuneigung zu ihrer Insel. »Ein Stück Himmel« sei das hier, schwärmt Idalino vom Grund der Seele weg. Jeden Morgen gehe er zum Beach Walking an den Strand, manchmal schwimme er eine Runde. »Dann fühle ich mich wie 18«, sagt der freundliche Mann, der in seinen Sechzigern steht.

Erinnerungen an Kolumbus

Im Zeitalter der Entdeckungen nahmen portugiesische Seefahrer die unbewohnte Insel 1419 für ihr Heimatland in Besitz. Später verbrachte der berühmte Amerikaentdecker Christoph Kolumbus (1451–1506) einige Zeit hier, da er die Tochter des Inselgouverneurs ehelichte. An Kolumbus erinnern im Hauptort Vila Baleira ein Denkmal und ein Museum, das in der einstigen Residenz des Inselgouverneurs untergebracht ist. Persönliche Gegenstände aus dem Besitz des Entdeckers findet man allerdings nicht. In Nachbarschaft liegt die Kirche Nossa Senhora da Piedade, der es an Pracht und Reichtum fehlt, da einst Piraten zu Plünderungen anrückten. Bougainvilleenhecken setzen Farbakzente in Rot und Lila.

Biosphärenreservat mit Friedensstimmung

Wegen der mageren Kulturziele kommt man nicht nach Porto Santo. Die Natur ist der wichtigste Köder, die Insel zum Biosphärenreservat deklariert worden – und der Sandstrand, den nicht nur Idalino so liebt, makellos, traumhaft. In einer Beachbar genießt man das Leben bei einem kühlen Drink, spürt die Sonne auf der Haut. Oder man fährt am Abend hoch hinauf über Vila Baleira zum Restaurant Panorama. In der Tiefe breitet sich das Lichtermeer bis zum dunklen Atlantik aus, der gekochte Oktopus zergeht auf der Zunge. Eine gute Gelegenheit, über das Ziel Porto Santo zu sinnieren: eine hervorragende Wahl. Spektakulär ist die Insel nicht. Doch die gesunde Luft, die nach Salz schmeckt, und die innere Ruhe und Friedensstimmung, die man spürt, wiegen alles auf.

↖ In Vila Baleira, dem Hauptort von Porto Santo, folgt man den Spuren von Christoph Kolumbus.
← Porto Santo zeigt nicht nur sandige Seiten, sondern auch raue in den Inselhöhen.
↗ Fernblick von den Inselrücken von Porto Santo auf den Atlantik

INFO

ANREISE

Per Fähre ab Madeiras Hafen Funchal nach Porto Santo; die Überfahrt dauert etwa zweieinhalb Stunden.
www.portosantoline.pt

UNTERKUNFT UND GASTRO-TIPPS

Ein Stück südwestlich von Cidade Vila Baleira und direkt hinter dem langen Strand liegen die mit Apartments und Pool ausstaffierten Vila Baleira Suites. Zur selben Kette gehört der nahe Hotelblock Vila Baleira Porto Santo.
Apartments: Tel. +351/291 98 01 90, www.vilabaleira.com
Hotel: Tel. +351/291 98 08 00, www.vilabaleira.com
Eine nette Location über dem Strand ist Pé na Água, eine Mischung aus Restaurant und Beachbar.
Tel. +351/291 98 33 03, Facebook-Seite
Eine klasse Speiseadresse oberhalb von Cidade Vila Baleira ist das Restaurant Panorama; nur geöffnet fürs Abendessen, Montag ist Ruhetag.
Tel. +351/966 78 96 80, Facebook-Seite

RUNDTOUREN

Jeeptouren über die Insel dauern etwa drei Stunden und sind über die Agentur Lazermar buchbar.
Tel. +351/963 50 14 88, www.lazermar.com

INFORMATIONEN

Hier muss man sich auf Madeiras offizieller Tourismuswebseite zu Porto Santo durchklicken:
www.visitmadeira.com

Über die Insel Porto Santo ziehen sich diverse kurze Wanderwege.

So sieht ein kleiner Ausschnitt von Porto Santo
aus der Luft aus – die Drohne des Fotografen macht's möglich.

REGISTER

BILDNACHWEIS

Doria-Drouve, Cristina: 8 u. ganz l., 166 o., 166 u., 167 u., 171, 178 u., 179 o., 182 u., 183 o., 183 u.; Drouve, Ana: 18 r., 25, 38, 39, 40, 41, 88, 98, 126, 132, 135; Drouve, Andreas: 20, 29 u., 35 o., 52, 54, 55 u., 110 o., 111 o., 138, 140 u., 141 u., 145 o., 146, 149, 151, 153, 156 u., 157 u., 161, 168, 179 u.; Drouve, Sonia: 28 o., 29 o., 31, 34 o., 43, 51, 61, 62, 64 o., 67, 71, 76, 96, 114 o., 118, 119, 120, 130, 131 o., 170

Lookphotos: 6/7, 109, 114 u. (Hoppe, Steffen); 8/9 o.; Najak, D.; 8 u. l., 10 u. l., 12, 24, 56 (Lubenow, Sabine); 8/9 u. M., 9 u. ganz r., 14, 37 u., 83 o., 97, 116/117 (Maeritz, Kay); 10 u. ganz l., 10/11 u. M., 11 u. r., 175 u. (Leue, Holger); 11 u. ganz r., 131 u., 145 u. (age fotostock); 15 r. (Köster, David); 16/17, 124/125 (Linder, Bastian); 18 l., 106/107, 141 o., 144 u., 152, 156 o., 157 o., 160 (Stankiewicz, Thomas); 19 r. o. (Photononstop); 22/23, 44/45 (Jungk, Werner); 26, 46 (Jalag/Selbach, Arthur F.); 28 u., 50 (Pollex, Sylvia); 33 (Klambt Style-Verlag/Lengler, Gregor); 36, 121 (Radler-Wöss, Alois); 37 o. l., 82, 100, 154, 158/159 (reisezielinfo.de); 37 o. M., 49, 84/85, 104, 112, 140 o. (robertharding); 37 o. r., 68/69, 80, 169, 172, 174 o., 174 u. (ClickAlps); 42, 60 (Merz, Brigitte); 58/59 (Richter, Tobias); 64 u. (Fath, Bethel); 65 o., 101, 150 (Delimont, Danita); 66 (Jalag/Langlotz, Tim); 70 (Daniel Schoenen Fotografie); 77, 167 o. (VWPics); 83 u. (Tetra); 105, 175 o. (Widmann, Thomas Peter); 136/137 (Bischof, Manuel); 144 o. (Dirscherl, Reinhard); 162 (Jalag/Schmitz, Walter); 163, 178 o. (Wagner, Hanna); 177 (Minden Pictures)

Mauritius Images: 55 o. (Alice Dias Didszoleit/Alamy/Alamy Stock Photos); 2/3 (Ruben Vicente/Alamy/Alamy Stock Photos); 9 u. r. (Stillman Rogers/Alamy/Alamy Stock Photos); 73 (Cavan Images); 90 u. (Pavel Dudek/Alamy/Alamy Stock Photos); 102 (White Star/Monica Gumm/imageBROKER); 184/185 (Curioso.Photography/Alamy/Alamy Stock Photos)

Shutterstock: 10/11 o., 129 (Amazing Travels); 15 l. (Juan Carlos Munoz); 19 r. u., 110 u. (makasana photo); 30 (Carlos Neto); 34 u., 35 u. (Bildagentur Zoonar GmbH); 47 (Frank McClintock); 48 (agaglowala); 57 (Paulo Resende); 65 u. (Andreabianchi); 74 o. (Wirestock Creators); 74 u. (Gubin Yury); 75 o. (Afonso Nabeiro); 75 u. (Fotokon); 78, 79 (amnat30); 86 (Kokhanchikov); 87 (Benny Marty); 90 o. (Wild Glass Photography); 91 o. (anyisa); 91 u. (rui vale sousa); 92 (Andrei Nekrassov); 93 (Ricardo Perna); 94 (Adwo); 95 o. (Stephanie Le); 95 u. (silky); 99 (byruineves); 103 (Diego Grandi); 111 u. (trabantos); 115 o. (Captured By Lukas); 115 u. (Natalia Mylova); 122 (struna); 123 (travelview); 127 (Luis Pedro Fonseca); 128 (odecam); 133 (Alena Zharava); 143 (Wild_and_free_naturephoto); 147 (Marek Pelikan); 148 (Loredana Habermann); 165 (na.knoe); 180 (Curioso.Photography); 182 o., 190/191 (ColorX); 19 l. (joeni91)

Wikimedia Commons: 134 (Ana Lucas Marinho)

DER AUTOR

Dr. phil. Andreas Drouve stammt aus Düren/NRW und arbeitet als freier Autor, Journalist und Fotograf. Er lebt seit vielen Jahren auf der Iberischen Halbinsel und hat eine Vielzahl an Reisebüchern über Portugal und Spanien verfasst. Darüber hinaus ist er für spannende Reisegeschichten, darunter im Auftrag von Magazinen und der Deutschen Presse-Agentur, weltweit auf Achse. Reportagen, Glossen, Reisetipps, Videos und fotografische Bilderreisen findet man auf seinem Reise-Blog www.traveller50plus.eu.

IMPRESSUM

Verantwortlich: Maren Langendorff
Lektorat: Helga Peterz
Layout: BUCHFLINK Rüdiger Wagner
Korrektorat: Lena-Maria Denu
Repro: LUDWIG:media
Herstellung: Alexander Knoll
Printed in Türkiye by Elma Basim

★★★★★

Sind Sie mit diesem Titel zufrieden? Dann würden wir uns über Ihre Weiterempfehlung freuen.
Erzählen Sie es im Freundeskreis, berichten Sie Ihrem Buchhändler, oder bewerten Sie bei Onlinekauf. Und wenn Sie Kritik, Korrekturen, Aktualisierungen haben, freuen wir uns über Ihre Nachricht an Bruckmann Verlag, Postfach 40 02 09, D-80702 München oder per E-Mail an lektorat@verlagshaus.de.

Unser komplettes Programm finden Sie unter

www.bruckmann.de

Alle Angaben dieses Werkes wurden vom Autor sorgfältig recherchiert und auf den neuesten Stand gebracht sowie vom Verlag geprüft. Für die Richtigkeit der Angaben kann jedoch keine Haftung übernommen werden, weshalb die Nutzung auf eigene Gefahr erfolgt. Insbesondere bei GPS-Daten können Abweichungen nicht ausgeschlossen werden. Sollte dieses Werk Links auf Webseiten Dritter enthalten, so machen wir uns die Inhalte nicht zu eigen und übernehmen für die Inhalte keine Haftung.

In diesem Buch wird aus Gründen der besseren Lesbarkeit das generische Maskulinum verwendet. Weibliche und anderweitige Geschlechteridentitäten werden dabei ausdrücklich mitgemeint, soweit es für die Aussage erforderlich ist.

Umschlagnachweis: Vorderseite: Felsige Aussichten aufs Meer am Praia de Ursa nahe des Naturparks Sintra-Cascais (shutterstock/Peter116);
Rückseite, oben (v.l.n.r.): Um einen Wolf zu erspähen, muss man wahnsinniges Glück haben (Shutterstock/Juan Carlos Munoz). Auf ihren typischen Stützen stehen die landwirtschaftlichen Speicherbauten in Soajo (Shutterstock/travelview). Auf der Azoreninsel Terceira führen Treppen hinunter in den dunklen, feuchten und bewachsenen Vulkanschlot Algar do Carvão (lookphotos/reisezielinfo.de).
Rückseite, unten: Auf dem Trail rund um den Krater Caldeira im Hochland von Faial (Azoren) genießt man fantastische Panoramen (Shutterstock/Loredana Habermann).
Seite 2/3: Portugal ist ein Paradies für »Wild Places« – allein mit Landschaften aus Grün und Felsen, hier imTal des Rio Paiva.
Seite 6/7: Ein See im Spiegel der Zeiten – die Lagoa do Peixão in der Serra da Estrela
Seite 190/191: Wenn ein neuer Tag erwacht – Sonnenaufgangsstimmung am Strand von Porto Santo

Die Deutsche Nationalbibliothek verzeichnet diese Publikation in der Deutschen Nationalbibliografie; detaillierte bibliografische Daten sind im Internet über http://dnb.d-nb.de abrufbar.

© 2024 Bruckmann Verlag GmbH, Infanteriestraße 11 a, 80797 München

ISBN 978-3-7343-2745-2